可复制的沟通力

姜文刚 —————— 著

中国纺织出版社有限公司

内容提要

沟通能力强的人处理工作和生活中的各种人际关系都更加自如，提升沟通能力对每个人都至关重要。沟通不只是说话，还包括表情、肢体动作、文字等非语言内容。本书共三篇，分别为理念篇、技术篇、升华篇，既有对常见沟通误区的分析，又有对实用沟通技巧的总结，并辅以大量工作、生活中的案例，切实提高情商和沟通力。本书适合职场新人和每一位想提高沟通能力和情商的读者阅读。

图书在版编目（CIP）数据

可复制的沟通力 / 姜文刚著. --北京：中国纺织出版社有限公司，2024.5
ISBN 978-7-5229-1739-9

Ⅰ.①可… Ⅱ.①姜… Ⅲ.①心理交往－语言艺术－通俗读物 Ⅳ.①C912.13-49

中国国家版本馆CIP数据核字（2024）第084869号

责任编辑：段子君　于　泽　　责任校对：高　涵
责任印制：储志伟

中国纺织出版社有限公司出版发行
地址：北京市朝阳区百子湾东里A407号楼　邮政编码：100124
销售电话：010—67004422　传真：010—87155801
http://www.c-textilep.com
中国纺织出版社天猫旗舰店
官方微博http://weibo.com/2119887771
河北延风印务有限公司印刷　各地新华书店经销
2024年5月第1版第1次印刷
开本：710×1000　1/16　印张：13.5
字数：138千字　定价：59.80元

凡购本书，如有缺页、倒页、脱页，由本社图书营销中心调换

序

沟通对我们每个人来说都至关重要，会沟通的人在生活和工作中都会有非常大的优势。而不会沟通的人则可能和周围的人处不好关系，做什么事都遇到莫大的阻力。要想做好沟通，提高情商是最重要的一个因素。

卡耐基说："成功=15%的智商+85%的情商。"可见，情商对一个人的成功是多么重要。情商高的人往往会沟通，往往能够和周围的人保持最大限度的和谐。这样一来，就能减少很多困难和阻力，在通往成功的路上更加顺风顺水，效率倍增。

在移动互联网时代，情商的作用更重要了。移动互联网时代是高度信息化的时代，人们可以找到各种各样的合作伙伴，很多事情不需要自己去做。想要发展得更快，就要懂得联合别人的力量，这就需要情商，也需要沟通。那些成功人士都是情商高的沟通高手，有的不仅是沟通高手，还是演讲高手。

工作中需要高情商和好的沟通能力，生活中同样需要。幸福的家庭都是相似的，每个幸福的家庭夫妻当中至少有一个人具有高情商，能和对方做好沟通。有足够的情商，做好了沟通，才能夫妻同心，使家庭和睦、和谐。

沟通并不只是说话，还包含了表情、肢体动作、文字等丰富的非语言类的内容。因此，没有足够的情商是不行的。沟通也不是随随便便就能掌握的技能，它是一门学问，也是一门艺术。它需要通过我们提高自己的情商，并不断地学习、实践及摸索，才能真正学会。

情商高的人总是能考虑到别人，所以在沟通中会注意到很多细节，力求将沟通做得更好。如何去听、如何去说、如何去看、如何去问，以及面对不同的人要怎样沟通，在不同的场合要怎样沟通，这都是想提高情商的人需要掌握的技巧。

情商高的人还会想办法避免犯错，在沟通中避开一些误区。比如，有的人喜欢在沟通时和人争论，总是想尽办法把别人驳倒；有的人在沟通时不给别人留余地，让沟通成为一场激烈的战争；有的人不顾别人的感受，把随口说出伤害别人的话当作耿直。这些都是情商低的表现，情商高的人是不会这样做的。情商高的人懂得沟通的目的是"通"。所以他们在沟通时，会以"通"为导向，不是说完话就不管了，而是要达到彼此理解的目的。

要想成为一个真正情商高、会沟通的人，只在沟通技巧上下功夫还不够。正如要写诗则"工夫在诗外"一样，要真正提高情商和沟通的境界，功夫也在沟通之外。我们应该在平时就多了解别人通常会产生什么样的想法，这样我们的理解能力才会更强，才能处处考虑到别人的感受。从细微之处入手，我们的情商就会越来越高，沟通能力也会达到一个全新的境界。

姜文刚

2023 年 10 月

目录

理念篇 情商高、会沟通是成功的关键

第一章 情商高、会沟通至关重要 /3

沟通中蕴含情商的奥秘 /3

情商高、做好沟通是人际关系和谐的前提 /6

沟通力是个人情商的试金石 /9

情商高、做好沟通助力飞速成长 /11

高情商的沟通使团队战斗力倍增 /14

情商高、沟通顺畅是企业成功的金钥匙 /17

用高情商和用户沟通是做好产品的法宝 /20

第二章 情商、沟通影响成败 /25

情商高、会沟通才能让别人按你的想法去做 /25

用高情商把沟通做好了,事才能做好 /28

知道对方的想法,做事才能有针对性 /31

高情商的沟通能让你的效率更高 / 35

情商高的人总是能知己知彼 / 37

话说对了，事才能成 / 40

第三章　成功者都情商高、善于沟通 / 45

雷军：高情商的沟通要有参与感 / 45

刘强东：用高情商的沟通和员工打成一片 / 48

周鸿祎：我要当客服 / 51

技术篇　情商高、有技巧才能做好沟通

第四章　情商高也要掌握语言沟通方法 / 57

情商高的人沟通时说话总是留有余地 / 57

情商高的人会主动道歉赢得好感 / 60

情商高的人会把握赞美的时机 / 62

情商高的人懂得以柔克刚 / 65

情商高的人善用回应 / 68

情商高的人再得意也不会忘了别人 / 71

情商高的人总是简单地表达 / 74

第五章　情商高应该利用非语言沟通方法 / 77

情商高的人会利用身体语言传达信息 / 77

情商高的人会保持良好的形象 / 81

情商高的人会用点头说"YES" / 84

情商高的人能让手势发挥巨大作用 / 86

高情商的人文字沟通能力也很强 / 90

情商高的人会营造更好的气氛 / 93

情商高的人注意保持合理的空间距离 / 96

第六章　高情商沟通的实用技巧 / 101

听：学会倾听是高情商沟通的前提 / 101

说：情商高的人都特别会说话 / 105

看：情商高的人都有见微知著的慧眼 / 108

问：情商高的人能用提问打破僵局 / 111

答：情商高的人总能回答到点子上 / 114

第七章　情商高的人会根据对象选择沟通方法 / 119

和同事沟通要把握分寸 / 119

和领导沟通要留面子 / 122

和下属的沟通要使人信服 / 126

和客户的沟通要抓住痛点 / 129

和朋友的沟通要体现尊重 / 132

和群体的沟通要朴实大方 / 135

第八章　情商高的人会根据场合选择沟通方法 / 139

随场合而变，说最合时宜的话 / 139

高情商的谈判一定非常有礼貌 / 142

日常工作中高情商的沟通方法 / 145

调解矛盾时多换位思考 / 149

升华篇　高情商让沟通成为一种艺术

第九章　高情商让沟通更顺畅 / 155

充分利用别人的惯常思维 / 155

抓住别人的喜好做沟通 / 158

利用从众心理增强说服力 / 161

鼓励比批评更容易引起共鸣 / 165

表现出权威性有助于沟通进行 / 168

第十章　情商高的人擅长避开沟通的误区 / 171

玩笑虽好，不能过度 / 171

耿直并不是不注意细节的理由 / 175

沉默并不一定尴尬，话多不代表沟通得好 / 178

直截了当的批评不一定都好 / 180

沟通不是为了把对方驳倒 / 184

第十一章 高情商的沟通还有更高的境界 / 187

给人留下台阶才是聪明之举 / 187

将沟通的功夫用在方方面面 / 190

在沟通中去掉得失心 / 193

情商高的人总是把拒绝说得很优雅 / 196

幽默让高情商的沟通再度升华 / 200

理念篇
情商高、会沟通是成功的关键

第一章 情商高、会沟通至关重要

虽然我们每天都在跟别人沟通，但是我们真的会沟通吗？这是一个值得思考的问题。情商低的人，可能沟通了，却没有达到理想的效果，人际关系处理不好，生活和工作中处处受阻。而情商高的人，能用良好的沟通能力让人际关系保持和谐，最终快速走向成功。

沟通中蕴含情商的奥秘

虽然我们每天都在和别人沟通，沟通看起来也并没有什么稀奇，但沟通却不是一件简单的事。沟通中蕴含着很大的奥秘，需要有高情商才能把它做好。做好沟通对成功来说至关重要，而要想把沟通做好，需要掌握沟通的方法和技巧，并了解一些深层次的沟通思想，提高自己的情商。

知道了沟通的技巧和深层思想理念，提高了情商后，我们的沟通能力会有很大的提升，这会对成功有很大的帮助。有时人们会对沟通有一些错误的认识，并理所当然地认为这些想法是正确的。学习了正确的方法，才能纠正错误，让沟通变得更顺畅。

影响沟通的因素包括以下四种。

1. 自信心影响沟通

我们的自信心会对我们的沟通产生很大的影响。如果没有自信，在沟通时就无法展现最好的自己，甚至会出现词不达意的情况。而且，没有自信会让人变得非常敏感，担心别人不喜欢自己，尽管别人并没有说太重的话，仍可能误以为对方是在攻击自己。这样就使沟通很难正常进行。有自信的人，则能在沟通时表现得从容优雅，能很好地表达自己的观点，也能充分理解别人的意思。

2. 观点的差异影响沟通

每个人对事物都有自己的观点，当双方对同一个问题产生差异较大的观点时，就会给沟通带来很大影响。如果双方都坚持自己的观点，并且希望对方的观点能改变，沟通可能就很难继续进行了。遇到这种情况，应该本着"求同存异"的原则处理。

3. 情绪影响沟通

如果带着不好的情绪去沟通，如烦躁的情绪，对方受到情绪的感染，也会变得烦躁起来，沟通就很难正常进行。在沟通之前，一定要把情绪调整好，以心平气和的态度去沟通，这样才能把沟通做好。

4. 文化影响沟通

不同的文化对同一句话、同一个动作、同一个表情，可能都会有不同的理解。在和来自不同文化背景的人沟通时，必须了解对方的文化背景，才能让沟通更顺畅。

做好沟通，除了解沟通的理念外，还要避免踏入沟通的误区。常见沟通误区有以下三个。

1. 沟通做得多就是做得好

有人觉得沟通的频率越高越好，沟通的次数越多，就越能解决问题。实际上，沟通得好不好，要看沟通的深度和效果，和沟通的次数并没有直接关系。如果一次沟通，就能让双方深入了解彼此，使双方都明白对方的想法，那么这次沟通的效果就非常好。如果每次沟通时都会出现争吵，双方各执一词，即便沟通的次数很多，效果也不如一次深入沟通。

2. 只要表现得很积极，就能把沟通做好

沟通是两个人的事，并不是一个人表现得很积极，就可以把沟通做好了。要做好沟通，不但要表现得积极，而且要去理解对方。一把钥匙能够打开一把锁，是因为钥匙了解锁的"心"。在沟通时，如果能了解对方的想法，充分理解对方，就能把话说到点子上。做到了这一点，再配合上积极的态度，才能真正做好沟通。

3. 只有说话才是沟通

沟通并不仅是说话，它包括了我们的动作、表情，也包括平时方方面面的细节。实际上，沟通在双方接触的那一刻就已经开始了，每一个人的行为、态度、习惯都能给对方留下一个印象，这会对沟通产生影响。不要小看了这种影响，当别人对你产生了一个最初印象时，会影响他对你的态度，继而影响沟通效果。

沟通并不像我们想象的那么简单，沟通能力也并非与生俱来，它需要以高情商作为基础。要想做好沟通，就应该学习这方面的知识，对沟通有系统和全面的了解，并注意提高自己的情商。提高了情商，增强了沟通能力，我们的生活和工作才会变得更加顺畅。因此，这值得我们下一番苦功。

在移动互联网时代，人性化已经成为时代的主流，高情商和良好的沟通能力也因此变得更为重要。不要轻视情商的作用，也不要轻视沟通的重要性，学习正确的沟通理念和方法，提高自己的情商，努力把沟通做得更好。

情商高、做好沟通是人际关系和谐的前提

人际关系和谐，对我们的生活和工作都有很大帮助，而情商高和做好沟通，则是人际关系和谐的前提。如果沟通都做不好，彼此之间的想法和情感得不到有效交流，人际关系就难以和谐。这在平时可能不会有太多体现，但一到关键时刻，它的弊端就会显露无遗。在遇到重大问题时，如果情商不高、沟通不好，人际关系就不和谐，容易导致互相不理解，就会使情况变得更糟。相反，如果情商高，能够做好沟通，人际关系就会和谐，大家齐心协力，就可以渡过难关。

著名人际关系学大师戴尔·卡耐基说过："一个人事业的成功，只有15%要靠他的专业技术，另外的85%要靠人际关系和处世技巧。"由此我们就知道，人际关系的和谐对我们来说有多么重要。情商高、做好沟通正是保持人际和谐的一个重要前提，因此一定要认识情商和沟通的重要性。

生活中如果缺乏情商，没有良好的沟通，世界就会变成沙漠和荒原，给人的感觉是一片冰冷。相反，情商高、做好沟通，人际关系往往就会很好，生活里将处处充满生机，工作也将很顺心。

小张和小李是同在一个办公室工作的同事，本来两个人工作都做得挺不错，但却因为沟通不到位，所以两人的关系不是很好。有一次老板安排了一项任务，需要小张和小李共同完成，但两人却表现得不是很热心，原因是双方的沟通有些困难，都担心在工作时配合不到位，导致工作出现问题。

老板发现了他们的顾虑，也觉得他们的担心很有道理。然而，当前公司的其他人都有任务要做，腾不出人手来，这个任务只能交给他俩。于是，老板决定找他们谈谈心，促进两人的交流沟通，把两人的心结解开。老板当天晚上就请小张和小李吃饭，在饭桌上大家喝了两杯酒，然后打开了话匣子。经过一番交谈，老板明白了他们为什么关系不好。原来小张是个急性子，什么事情都要尽快出结果，而小李的性格却正好相反，这就导致双方经常会出现意见分歧，久而久之，他们平时都不怎么同对方说话了。

经过这次沟通，两个人的感情变好了一些，可以正常交流了，也接受了老板让他们合作完成任务的事。老板为了确保他们合作顺利，将比较着急的一部分任务交给小张来做，把时间限制比较宽松的一部分任务交给小李来做。结果，两个人配合得很好，任务也做得很不错。更重要的是，在老板促成了他们的这次沟通之后，他们能够相互理解了，平时的交流也多了起来，关系也越来越好。

每个人都有不同的性格和想法，当我们和别人的性格差异明显，想法也不一致时，就会出现分歧。分歧本身并没有什么，是非常正常的事，但如果情商不够，无法把沟通做好，就有可能产生矛盾。因此，情商高、做好沟通对人际关系和谐来说至关重要。利用高情商把沟通做好了，才能减少和周围人的摩擦，减少在生活和工作中不必要的麻烦。

一个老人上了公交车，这时车上已经没有座位。老人来到一个位置前站好，这时旁边的年轻人站了起来，给老人让座。老人却表示自己的身体很好，站着就行，不需要被让座。年轻人觉得老人年纪大了，应该给老人让座，于是坚持让老人坐。老人表现得很执拗，就是不坐。最后双方争来争去，闹得很不愉快。

年轻人有了这次经历以后，下次再在公交车上遇到其他老人，也不主动让座了，而且也不问"您需要座位吗"。这次的老人却和上一次的老人不同，他在年轻人旁边站了一会儿，见年轻人没有给他让座，就数落起年轻人来，说他不懂得尊老爱幼，不知道主动让座。

本来在公交车上让座，并不是一件多大的事儿，情商高的人一定会选择多为别人想一点，理解他人，减少摩擦。之所以会出现矛盾，其实就在于年轻人的情商不高，没有做好沟通。年轻人因为一次不愉快的经历，就固执地认为所有老人都不希望被人让座，这就是情商低，不会沟通的表现。如果年轻人情商高,他就会在有了第一次不愉快后,明白不同情况不同对待的道理,先做好沟通,再决定自己是否让座。

人际关系和谐,是建立在高情商和良好的沟通之上的。无论在工作中还是在生活中,如果缺少了情商和沟通,都可能出现这样那样的矛盾。因此,即便是不起眼的小事,也应该充分发挥情商的作用,做好沟通,那些需要协同来做的大事,则更不必说。

情商高,做好了沟通,能让人际关系更加和谐,生活和工作中的阻力也会减少,我们就能步伐轻快地迈向美好的生活,迎来工作的成功。

沟通力是个人情商的试金石

一个人的情商特别高,那么他的沟通力往往也会很好。人们往往特别重视智商以及应用具体技术的能力,容易忽略情商,也没有足够重视沟通。其实,情商和沟通能力与其他能力同等重要,甚至更为重要。沟通力是个人情商的重要体现。

我们都知道:独行快,众行远。一个人要想取得成功,靠个人的力量或许是可以的,但要想取得更大的成功,就必须懂得依靠更多人的力量。懂得运用众人的智慧和众人的力量,才能成就更大的事业。

要想依靠众人的智慧和力量,就必须有足够高的情商,有很好的沟通力。因为只有把沟通做好了,才能让集体的力量最大限度地发挥出来。如果沟通做不好,光是内耗就能让一个庞大的集体举步维艰,想取得成绩就

可复制的沟通力

难上加难。

沟通能力是能够对人的一生都产生重要影响的能力，无论从事什么行业，想不想取得更大的成功，它都和我们息息相关。即便你做的工作很不起眼，如果你的沟通力强，也能对工作起到很好的作用。即便今后退休了，不再工作了，沟通力仍然影响着我们的生活。因此，沟通能力是非常重要的一种能力，它和每个人都有很重要的关系，一定要引起充分的重视。

微软公司非常重视沟通能力，在微软公司有一种"开放式交流"的文化。在这种文化的影响下，所有的员工都被要求有很好的沟通能力，能够在任何场合轻松表达自己的观点，和其他人做好交流。当开会的时候，如果有人提出不同的意见，公司一直都鼓励大家把不同的意见说出来，从来不会打压不同的声音和想法。

在刚发展 Internet 时，实际上微软公司内部的想法并不一致，有的领导觉得这个技术费时费力又无法赚钱。然而技术人员却并没有因上司的不理解而停止，他们充分发挥自己的沟通能力，不断去和上司沟通，极力促成这件事。由于微软公司一直秉承自由沟通的传统，员工的沟通能力普遍都比较强，上司也并不会因此而反感，所以技术人员在不断游说上司的过程中，并没有遭到禁止。最终，这件事被比尔·盖茨知道了，他同意了技术人员的意见。于是，微软公司开始发展 Internet，最终取得了巨大的成功。

微软公司之所以能够一直发展得很好，和微软公司鼓励员工说出自己的观点、提高自己的沟通能力这种制度有很大的关系。沟通能力是情商的重要体现，微软公司的员工沟通能力都比较强，情商也普遍较高，协调能力也都普遍很好，这使他们在工作中的表现更加出众。

在工作当中，沟通能力强的人一般都在与他人的合作中比较融洽，而沟通能力弱的人，则经常会在与他人的合作中遇到一些问题。因此，沟通能力强的人往往能把工作做得更好。两点之间走直线的距离最短，但人与人之间却不一定如此，有时候走直线反而会遇到阻力，走曲线才是捷径。情商高的人沟通力强，遇到的矛盾就少，在前进的路上就会走得更加轻快。

有人认为：企业80%的矛盾和误会都来自沟通不畅。可见，如果企业沟通不畅，对企业的发展是极为不利的。实际上，无论是在工作中还是在生活中，沟通能力都非常重要，它是情商的重要体现，不容忽视。

情商高、做好沟通助力飞速成长

人生是一个不断成长的过程，尤其在工作中，成长更是至关重要的事。谁能够在工作中快速成长，谁就能够在工作中更加得心应手，取得成功的速度也会更快一些。情商高、做好沟通，既能加速自身的成长，也能帮助别人成长。

著名的教育家陶行知先生情商很高，他特别善于通过沟通来引导学生，使他们快速成长起来，学生们都对他心悦诚服。

有一次，陶行知看到有个小男孩要打同学。作为校长，陶行知立即上前制止了小男孩的这种行为，并告诉他到校长办公室来一趟。小男孩准时来到了校长办公室，他以为校长会责骂他一番。没想到，陶行知并没有责骂他，而是开始和他认真沟通了起来。

陶行知递给小男孩一颗糖，告诉他这是奖励他的准时，然后又递给小男孩一颗糖，告诉他这是奖励他对自己的尊重，因为小男孩看到自己就主动停手了。小男孩感到很诧异，怔怔地看着陶行知，一句话也说不出来。陶行知又递给小男孩第三颗糖，告诉他这件事他虽然做得不好，但是经过了解，他是为了打抱不平，帮助被欺负的女同学，所以很有正义感，需要奖励。小男孩十分感动，表示自己再也不打人了。陶行知又奖励给他一颗糖，告诉他这是对他勇于认错的奖励。

本来在别人眼里很难管的小孩儿们，在陶行知的教导下通过沟通都能乖乖听话，获得快速成长。

在工作中，如果我们是领导者，却不会带新员工、不会带下属，那么我们就只能自己闷头干，到头来精疲力尽还不一定能把事情做好。就像陶行知和学生沟通一样，领导也要和新员工或下属做好沟通，这不但能帮助他们快速成长，还使得团队的力量不断壮大。这样一来，依靠团队的力量，而不是事事单打独斗，公司才能越来越好。

还是在工作中，如果我们是一名普通的员工，甚至是新员工，我们同样要和别人做好沟通。这样我们才能迅速融入团队，也能让自己的能力快速提升。作为职场新人或普通员工，我们通常不会掌握好所有的工作知识和技能，离炉火纯青的程度更是有一大段距离，我们的能力都还有很大的提升空间。通过和同事或领导的沟通，学到更多专业知识，就能不断获得成长，在工作上做得越来越好。

员工小周新到一家公司工作，虽然他并不是什么都不懂，也有一些工作经验，但因为对新公司的环境不熟悉，所以在工作时有点儿手足无措。有时，领导把任务交给小周，小周不知道该怎么入手，却又不敢询问太多，担心领导怀疑他的工作能力。因为小周的性格内向，平时也不怎么和周围的同事沟通，所以和同事之间的关系也只是一般，很少向同事寻求帮助。一个月后，小周还没有融入公司的环境，工作做得也不好，整天愁眉不展。

领导看小周无法适应工作，于是找小周谈心，很快就发现了他的问题所在。领导告诉他沟通的重要性，并要求他有不懂的地方随时来问自己，如果问题不是很大，也可以向同事们寻求帮助。另外，领导还嘱咐小周要在空闲的时间多和同事沟通，增进彼此之间的感情，相互之间也多一些了解。

小周虽然性格内向，但也是个要强的人。为了能尽快适应工作，快速成长起来，他开始努力改变自己的习惯。他和周围同事的沟通多了起来，有时还会趁领导闲暇的时候和领导探讨一些想法和问题，很快小周就提升了工作能力，并且他和同事也相处得融洽了，获得了大家的认可。

在工作中，自己踏踏实实地努力和拥有对工作的独立思考虽然很重要，但一味闭门造车也是不行的。多和同事沟通、多和领导沟通，能够帮助我们打开思路，快速成长起来。

除能力的增长外，多沟通也能让自己和公司环境更加协调。环境对人的影响是时刻存在的，能够通过沟通让自己和环境相和谐，对自己的成长会有很大的帮助。

总之，无论是领导者还是普通的员工，提高情商、做好沟通都是快速成长的极佳方法。一个人在思考时容易钻进牛角尖出不来，但和周围的人做好沟通，就能有效避免这种情况。做好了沟通，就能博采众长，了解更多的新鲜思维，学到更多的好方法，成长速度也会变得更快。

高情商的沟通使团队战斗力倍增

对一个团队来说，高情商的沟通是至关重要的事，甚至可以说是关乎团队存亡的大事。

对个人来讲，如果情商不高，和周围的人的沟通没做好，个人的发展会受到阻碍。对一个团队来说，没有高情商的人主持大局，沟通效果不好，可能会使团队面临土崩瓦解的危机。高情商的沟通对团队的发展则是极为有利的，能够让团队成员的能力得到充分发挥，甚至产生"1+1＞2"的效果，使团队的战斗力倍增。

腾讯公司是互联网头部企业之一，但是腾讯内部的小团队规模并不大，往往由三五个人组成。但就是这样的小团队，能量却大得非比寻常，战斗力也特别强。腾讯公司的团队之所以这么厉害，关键在于腾讯的团队中有着良好的沟通。

腾讯公司内部的团队是由员工自己组建的，几个想法一致的同事在确定了目标后，团结到一起，组成一个小团队来做事。由于团队的人数少，而且所有人都志同道合，因此团队的沟通也很好。团队虽然不大，沟通却很好，因此整个团队非常和谐，能够爆发出巨大的力量。正因如此，腾讯公司的很多成功的产品，都是依靠这些战斗力很强的小团队做出来的。

从腾讯公司的成功案例可以看出，团队能否成功不在于其规模大小，而在于其战斗力是否充分发挥了出来。一个团队人数很多，但情商不高、沟通不畅，团队成员之间就会互相猜忌，于是严重内耗，做事时阻力很大，团队的效率就不高，浪费了大量的时间和人力。相反，当团队有高效的沟通时，即便团队的人数很少，也能在战斗力倍增的状态下，爆发出非常强的能量，做出非凡的业绩来。这一点，在移动互联网时代表现得更为显著。

成功的企业大多非常注重团队整体的情商水平，并努力将团队沟通做到最好。

沃尔玛公司是世界级的连锁公司，最主要的业务是零售，它的员工数量在世界级的企业中是数一数二的。沃尔玛虽然规模这么大，但并没有出现尾大不掉的情况，员工也没有低迷的工作情绪。相反，沃尔玛的员工总是能够保持饱满的工作热情，不断创造新的辉煌。原因就在于沃尔玛非常重视团队的情商，让团队保持很高的整体情商水平，从而确保沟通顺畅。

沃尔玛的某位总裁曾说过这样一句话："如果可以将沃尔玛的管理体制浓缩成一种思想，那么它就是沟通。这是我们之所以能够取得成功的最关键因素之一。"

尽管沃尔玛的员工众多，但公司始终注重员工的情商和沟通，使所有员工都心往一块想、劲儿往一处使。沃尔玛通过将信息充分共享，让每个员工都了解公司的状况，把责任分到每个人的身上，让每个人都拥有使命感和紧迫感。

沃尔玛的行政管理人员很忙，他们将大多数的时间花费在去往世界各地的沃尔玛商店这件事上。因为沃尔玛的这个团队实在太大了，公司想过各种各样的管理办法，最终，高情商的沟通被认为是第一重要的事情。于是，员工的情商和沟通就成了沃尔玛最看重的。在所有的沃尔玛商店中，高情商的沟通都是一大特色。员工与管理者之间没有任何的隔阂，每个员工都能知道店里的供销情况、利润情况、员工的工作情况等信息，这些信息都是会在店里公布出来的。

正是因为沃尔玛将高情商的沟通做到了极致，所以在沃尔玛，每个员工都非常清楚公司的情况，不去想乱七八糟的事情，也没必要去想，把所有的心思都放在了工作上。因此，沃尔玛的团队是非常务实的团队，总是能保持非常强的战斗力。

沃尔玛的成功，是因为情商和沟通方面抓得好。高情商和良好的沟通使沃尔玛庞大的团队始终保持激情和战斗力，不断取得一个又一个成功。可见，无论是大团队还是小团队，高情商的沟通都是让团队保持高昂战斗力的一件法宝。

带领团队，其实和带领军队打仗是一样的道理："上下同欲者胜。"只有整个团队团结一致，向着共同的目标奋斗时，团队才能爆发出最强的战斗力。

要想让团队上下一心，高情商的沟通是必不可少的。情商高，做好了沟通，就能将猜疑、犹豫等一系列的负面情绪消除，使团队真正成为一个整体，同心同德。于是，团队的战斗力自然就会倍增。

情商高、沟通顺畅是企业成功的金钥匙

沟通对一个企业来说非常重要，尤其是在当今这个信息技术高度发达的时代，情商高沟通顺畅已经成为企业成功的关键因素之一。员工与员工之间、各部门之间、上级和下级之间，都无法离开高情商的沟通。

情商高、沟通顺畅，企业才能成为一个紧密联系在一起的整体，而高情商的沟通渠道则是连接企业各个层级的关键纽带。通过高情商的顺畅沟通，企业可以正常运作下去，而沟通出现问题时，企业也将面临困境。

在平时的工作当中，人与人的沟通并不容易，因为很多人会在自己面前设置一道屏障，把内心的真实想法小心翼翼地隐藏起来。要想做好沟通，就必须用高情商打破这种屏障，但这显然并不是一件简单的事。尽管

现在的信息技术越来越发达，我们可以利用各种网络上的社交软件进行交流，但要真正做好沟通还是很难。我们可以和远在千里之外的网友聊得火热，却很可能和身边的人沟通不畅，这并不是个别现象。产生这种现象的原因就是情商不高。

普通人之间的沟通尚且不容易，对于一个企业来说，沟通就更难。正因为知道这个问题不容易解决，因此很多企业都对情商和沟通特别重视，也会建立很多交流的渠道。有的企业会开通专门和上级沟通的专线，有的企业通过建立内部的论坛来和员工实现沟通，有的企业充分利用QQ、微信等社交软件。总之，那些成功的企业一般有自己独特且行之有效的沟通手段。

一家公司遭遇了前所未有的困境，为了从困境中走出来，总经理决定做出改变。但是一时间，总经理还不知道应该怎么改变。不过，总经理的情商很高，他走出办公室，来到普通的员工间，想听一听员工们是怎么说的。结果出乎总经理的意料，每名员工都有很多话要说，也给他提出了很多的意见，这些意见多到让总经理记不过来。总经理恍然明白，公司的沟通出现了问题，应该给员工建立更好的沟通渠道，他所寻找的改变的地方就在这里。

很快，总经理就在公司内部建立了一个论坛，并要求所有的管理者都在论坛上和员工讨论问题，听取员工的意见，把认为有用的意见提交上来。不仅让其他人关注论坛，总经理自己也经常在论坛上看员工聊天。很快，在员工的意见中，总经理发现了公司存在的问题。

就这样，公司的沟通变得顺畅起来，公司的问题也逐渐被发现和解决了。没过多久，公司便从困境中走出，并取得了比以前更高的业绩。

因为沟通不畅，例子中的公司走入困境。总经理的情商很高，通过和员工交流，发现了这一点，建立起上下沟通的渠道。公司的沟通顺畅后，问题便得到了解决，公司的情况也变好了。可见，高情商并保持沟通顺畅，不但能够保证企业上下想法一致，形成一个真正的整体，还有利于及时发现问题和解决问题，对企业的成功至关重要。

小米公司之所以能够在短短几年的时间里快速发展壮大，和它内部高情商的顺畅沟通有密不可分的关系。

在小米公司的内部，除雷军等几个创始人外，不设管理层，大家都是工程师。这样，没有了层级，大家的职位都是平等的，于是相互之间交流沟通就更容易了。而且小米公司还有一个优秀的传统，一切都是以把工作做好为主的，别的事情不需要去理会。正因如此，小米公司的员工普遍都很纯粹，没人回去想杂七杂八的事情，彼此之间的关系都很融洽，沟通交流都很自然。

此外，小米公司还要求员工把同事的事情放在更重要的位置上，当同事过来寻求帮助时，要放下手上的工作，先帮同事把问题解决。这些高情商的规矩和习惯，使得小米公司内部非常融洽，员工之间的沟通十分顺畅。

沟通顺畅了，企业就能减轻内耗，轻装前行，走得更快。小米公司正是由于内部的沟通顺畅，才能在发展的过程中如虎添翼。

当企业做好了沟通工作，就没有克服不了的困难。沟通顺畅后，员工的智慧就能被集中起来，于是办法总比困难多。相反，如果情商不高，沟通不顺畅，员工彼此间就会相互猜疑，企业内部便会呈现混乱的局面。因此，要想让企业健康发展下去并取得成功，就一定要重视情商和沟通的问题。我们应该时刻谨记，沟通顺畅是企业成功的关键。

用高情商和用户沟通是做好产品的法宝

在移动互联网时代，用户对产品的要求越来越高，只有符合用户期待，能够解决用户问题的产品，才会受到用户的喜爱。如何才能做出这样的产品，是每个企业都在思考的问题。用高情商和用户沟通，是做好产品的法宝。从用户那里知道了用户的需求，当然也就能拿出令用户满意的产品了。

产品设计从来都是以用户的需求为导向的，这一点在当今时代显得尤为重要。可是，用户的需求并不那么好把握。因此，与其绞尽脑汁去想用户的需求是什么，不如让用户自己说出他们的需求。用高情商和用户沟通，就是为了让用户自己提出要求，帮助企业找到做产品的方向。

海尔一直都非常重视用户的需求，也很重视用高情商和用户沟通，因此海尔总能向用户提供令用户满意的产品。这也是海尔的产品能够一直受到用户喜爱的原因之一。

在设计针对北方农村的洗衣机产品时，先和用户进行了沟通，这是一种情商很高的表现。海尔发现用户有两方面的需求：一方面是冬天的棉衣比较大，一般洗衣机的容量太小，有时候一次只能洗一件；另一方面是希望能够有一种洗衣机，能用来洗土豆，这样就可以不必再为洗土豆烦恼了。这两个要求看起来并不是特别合理，却是用户的需求。于是，海尔公司立即着手研发新的洗衣机，做出了令用户满意的超大容量的洗衣机和能够洗土豆的洗衣机。

通过高情商和用户沟通，海尔还得到了一个信息，用户在夏天穿的衣服比较少，需要小容量的洗衣机。于是，海尔很快设计出了小容量洗衣机，满足了用户的这个需求。

正是因为海尔懂得用高情商和用户沟通，所以总是能设计出令用户满意的产品，一直受到用户的喜爱和信任。企业应该把用高情商和用户沟通放在重要的位置上并充分做好。用户的需要在哪里，产品的创新方向就在哪里。

360集团董事长周鸿祎情商很高，对和用户沟通也有很深的见解，他认为做互联网产品，一定要懂得"从用户中来，到用户中去"的道理。

周鸿祎认为，我们每个人都生活在自己的圈子中，并且会下意识地认为全世界的人都和自己的状态差不多。在这样的思路下做产品，就会把自己当成是典型的用户，很有可能就会脱离实际的用户，跑偏方向。

周鸿祎觉得，在以前，互联网的用户以技术型人员为主，而随着移动互联网的普及，更多的中年人和老年人加入网民的行列。因此，现在的大部分用户对互联网技术根本不了解，如果做技术的人还是按照自己的想法去做产品，就无法满足用户的需求。面对这种情况，和用户做好沟通就显得非常重要。

周鸿祎表示，应该走到用户中去，避免产生做技术的人高人一等的想法，从用户的角度去看问题，和用户去沟通。比如，看到一个农民工正在用手机浏览网页，可以打个招呼，看看他喜欢看什么内容；看到网吧里有人正边吃盒饭边打游戏，可以看看他们喜欢玩什么游戏。多和用户沟通，就不会再执着于自己的想法，就能和用户融为一体了。

要想做出好的产品，就需要知道用户想要的是什么，用户在意的是什么。周鸿祎情商很高，在和用户沟通这一点上做得很好，所以他总是能让360公司的产品受到用户的喜爱。无论是360安全卫士、360杀毒，还是360软件管家，又或是360安全浏览器、360手机助手，都是用户十分喜爱的产品。

用高情商和用户做好沟通，就能知道用户想要的是什么，于是便可以把握正确的方向，从而生产出用户喜爱的产品。做产品，找准研发方向是十分重要的，方向错了努力再多也没用，方向对了事半功倍。

另外，在和用户沟通的过程中，用户也会更加信任企业，会对品牌有更高的忠诚度。因为用户能够在沟通中感受到企业对他们的重视，所以会增强对企业的信赖感。而且，通过不断的沟通，用户也就越来越愿意发出自己的声音,这对企业来讲是非常有好处的。

  总之,高情商的沟通能让用户和企业紧密联系起来,是企业做好产品的法宝。企业一定要充分重视起和用户沟通这个环节,用高情商和用户做好沟通,这样才能把产品做得更好。

第二章 情商、沟通影响成败

很多事情我们都无法自己完成,需要和别人合作,或者需要别人的帮助。在这个过程中,情商高、会沟通就显得非常重要。正因如此,情商、沟通能够影响我们的成败。情商高,沟通做得好,做事时就会顺利很多。

情商高、会沟通才能让别人按你的想法去做

沟通对事情的成败有很重要的作用,情商高、会沟通,才能让人按你的想法去做;情商低、不会沟通,对方可能不但不听你的,甚至故意和你对着干。

在和别人沟通时,一定要让自己的语气温和一些,这样对方会更容易接受。如果说话时不注意语气,让别人觉得你是在命令他,那么即便你说得很对,对方也会或多或少地产生抵触情绪。谁都不希望别人命令自己,即便这个下达命令的人是自己的上级,那种感觉也不如温和的方式更好。

在平时的生活和工作当中,人们往往不愿意接受他人的命令。要想让别人按照你的想法去做,就要提高情商,在沟通上下功夫,不要直接去命

令别人。

晚上十点左右，在一家小旅馆里，某房间的房客正在大声放着音乐。由于旅馆的隔音效果不是很好，所以在楼道里都能听到很大的声音。这时，一个年轻人打开房门走出来，愤怒地在隔壁的房门上敲打着，并高声喊道："声音关小点，让不让人睡觉啊，怎么这么没素质！"音乐声并没有停，年轻人等了一会儿，更生气了，拍门的手也更用力，继续喊道："就是不听是吧，你是不是想找打啊！"片刻后，房门打开了，一个女人大声嚷道："你要打谁？你打我一下试试！"双方顿时争吵起来，把整个旅馆搅得不得安宁。

还是在这家旅馆，有一次一个中年人晚上正准备睡觉，被隔壁房间的电视声音吵到了。中年人来到隔壁的房门前，敲了敲门。等了一会儿，门没有开，中年人又加大了敲门的力度，但并没有表现出不耐烦，也没有用力砸门。门打开了，房客是一个年轻小伙子。中年人很有礼貌地打招呼，并说明了自己的来意："你好，我是隔壁的房客，这家旅馆的隔音效果不是太好，能不能麻烦您把电视的声音调小一些。我明天还要早起，现在被这声音吵得睡不着。"小伙子见他年纪比自己大，却对自己这么客气，抱歉地笑了笑，说道："对不起啊，我马上就把声音调小！"中年人道谢说："谢谢你，真高兴遇到像你这么通情达理的年轻人，真是太感谢了！"小伙子被夸得都有些不好意思了，连忙说："不客气，不客气，是我不对！"等中年人回到房间后，果然听不到隔壁的声音了。

例子中同样是住旅馆遇到晚上隔壁声音太吵的问题，但不同处理方式的结果却完全不同。可见，要想让别人按照你的想法去做，态度强硬是不行的，必须充分用自己的情商，用温和的态度对别人好言相劝，有时还要说明自己的难处，让对方产生同理心和同情心。这样，对方就不会认为是被别人命令，而是觉得自己在帮别人的忙。让对方变被动为主动，对方的积极性就会更强。

用高情商的沟通技巧说服别人，除了要在语言上保持温和，还要找到对方感兴趣的点。如果说了很多话，却无法戳到对方感兴趣的点，对方可能还是不为所动。相反，如果戳到了对方感兴趣的点，即便只是短短几句话，也会立即说服对方。

公司的某项业务出了问题，需要立即做出调整，时间非常紧迫。这项业务是A小组和B小组联合做的，原本出问题的地方是由B小组负责的。但是，由于现在已经下班了，B小组的人都不在，只有A小组的人因为一项工作在加班。这时，部门经理要求A小组暂停手中的工作，立即对这项业务做调整，明天要拿到结果。

A小组的人本来就在加班，工作压力比较大，现在听到要再给他们安排任务，而且还是本来不属于他们的任务，都非常不满。看他们都极不情愿的样子，部门经理只是简单说道："现在B小组的人都不在，这项任务的紧急程度你们心里也清楚，我只能交给你们做。如果你们不做，当然我也不能强求你们，因为这本来是属于B小组的工作。不过，这项任务是你们两个小组共同来做的，任务搞砸了，谁都拿不到奖金。但是你们如果做了，B小组的人肯定都会很感激你们，公司上下也都会对你们刮目相看。做与不做，你们自己选择吧！"部门经理说完就离开了。

A小组的人顿时想通了，一直忙到后半夜，齐心协力把这项任务做好了。

例子中的部门经理并没有和A小组的人说太多，用简单的话语戳中了所有人最关心的点，所以立即便说服了他们。在平时的沟通中，我们就要抓住对方最感兴趣的点，这样便可以使沟通效果变得更好，能让别人心甘情愿去按自己的想法做事。

用高情商把沟通做好了，事才能做好

高情商的沟通对把事情做成功有很重要的作用。在很多时候，利用高情商把沟通做好了，事情才能做好。

沟通可以分成三种情况：第一种情况是不沟通，不沟通就不可能使双方互相了解，做事时便会困难重重，很难把事情做好；第二种情况是进行沟通，却没有沟通好，这比第一种情况好一些，但同样还是会在做事时遇到很多困难；第三种情况是沟通了，也沟通好了，这样做事时遇到的阻力就会小，就会更容易把事情做好。

沟通的目的是达到"通"的状态，不是把话说出去就不管了。高情商的人会努力让沟通变得有效，所以他不但要考虑说什么，还要注意说话的方式，以让对方更好地理解。

很多人知道要沟通，但情商不够高，因此沟通也还达不到第三种情况的境界，沟通状态正处在第二种情况中。不要着急，只要认识到高情商的沟通对做事的重要性，努力提升，一定能把沟通做得越来越好。

小孙和小吴是同一个部门的同事。小吴平时挺随和的，和其他同事也没有什么矛盾。然而不知道什么原因，最近小孙经常会故意和他过不去，处处针对他。这让小吴感到很困扰，不过他没有表现出来，而是对小孙一忍再忍。但是小孙却越来越离谱，甚至干扰了小吴的工作。在两人合作的一项工作上，小孙故意不用心做事，致使整个工作做得一团糟。这让小吴实在无法继续忍耐了，于是他找到了经理，把小孙故意跟他过不去的事情说了一遍。

经理听了小吴的话，没有把小孙叫过来训斥一顿，而是希望小吴能先找小孙谈一谈，通过沟通来解决问题，并告诉他只有先做好了沟通，才能做好工作。小吴听了经理的话恍然大悟，他只是一味地忍让小孙，却从来没想过和小孙好好沟通一下，这其实是情商低的表现。

于是小吴找到小孙，和他单独进行了一番谈话。原来，有一次小吴"抢"了小孙的任务，而且在部门里出尽了风头，这让小孙很不满。小吴连忙向他解释那次是经理主动安排他做那个任务的，并不是他成心要"抢"。心结解开了，两人的误会也就消除了。小孙开始认真和小吴合作，两人最终出色地完成了这次的工作。

情商不够高，沟通做不好，彼此之间存在隔阂或嫌隙，工作中就会处处遇到问题，想把事情做好是很难的。这时，不要急着赶进度，先把沟通做好，再着手工作，这样才能事半功倍。例子中的小吴如果不和小孙沟通，在小孙的有意阻挠下，是难以把工作做好的。而通过沟通，两人消除了误会，工作就好做多了。

情商高、做好沟通不仅在工作中对做好事情很重要，在生活中同样重要。

小雪在外地打工，她养了一条小狗。有一次公司让她去外地出差一周，由于不能在出差时带着小狗，她决定把小狗暂时寄养在朋友的家里。

小雪的朋友是个很爱小动物的女生，当小雪提出这个要求时，朋友感到很高兴，立即就答应了。而且，朋友还显得很兴奋，不断询问小雪这条小狗是什么品种的、什么颜色的等一系列问题。小雪见朋友这么喜欢小动物，觉得很放心。

然而，当小雪出差回来去朋友家里接自己的小狗时，远远就听到了朋友在和她的老公争吵，言语间好像和自己的小狗有关。小雪连忙敲门进去，发现自己的小狗正战战兢兢地躲在墙角，而朋友的老公正在质问："都是你随便让人把狗寄养在家里，你看这条狗把家里给祸害的。这还不是重点，关键是这条狗脏不脏，有没有打过疫苗？"朋友的老公见小雪进来，顿时不再说话，只是生气地站在一旁。

小雪连忙说："对不起，都是我不好，给你们添麻烦了。我家欢欢打过疫苗的……"朋友摆摆手说："你别理他，他呀，就是矫情！"虽然朋友一再表示没什么，但小雪还是觉得很不好意思。

例子中的小雪之所以感到尴尬，就是因为情商不够高，没有先把沟通做到位。如果小雪情商足够高，充分考虑到各方面的因素，情况就会不一样。比如，她除和朋友商量外，也多加询问朋友老公的态度，向朋友的老公解释清楚，让他知道自己的小狗是干净卫生的，也打过了疫苗，就能避免这种情况发生。

无论在工作中还是在生活中，我们都应该努力提高自己的情商，把沟通做好，这样才能把事情做好。工作中用高情商做好沟通，同事之间联系会更加紧密，做起工作来也会更为顺畅；生活中用高情商做好沟通，和亲戚朋友之间的关系会更好，更加顺心。这对我们做好工作、过好生活，都是有百利而无一害的。

知道对方的想法，做事才能有针对性

情商高的人有一个非常重要的特点，就是能考虑别人的感受，而不是处处只想到自己。这反映在沟通中，就是知道对方的想法，知道了对方的想法后，说话才能有针对性。然后，沟通就做好了，做事时也就能有针对性了，做事情也就更容易成功。

知道一个人的真实想法并不是一件容易的事，人们往往会有各种各样的伪装，把最真实的想法藏在伪装下。情商高的人会先和对方进行深入沟通，然后透过对方的话语发现对方真实的想法，明确对方的期待，把事情做得让对方满意。

一个服装店里，一名女顾客正在挑选裤子，她挑挑拣拣后，好像看中了一件，但看起来又有点儿拿不定主意。这时，售货员连忙走过来问道："请问您是喜欢这一件吗？您的眼光真不错，这一款卖得非常好。我给您装起来吧！"售货员正要动手装，顾客却阻止了她，犹豫了一下说："等一下，我再看看。"

售货员见顾客好像并不打算买，以为是顾客觉得价格太贵了，于是领着顾客来到另一个货架前，那里的衣服比这边要便宜一些。售货员不断介绍道："这一款和刚才的裤子样式差不多，而且价格要实惠一些，您可以看看。还有这一款，销量也非常好，很多年轻女生都喜欢。"顾客随着她看了一会儿，还是摇摇头。

最后，顾客又来到之前的货架旁，依旧看着她最开始看中的那条裤子，有点儿恋恋不舍却又拿不定主意的样子。售货员有些摸不准顾客到底在想什么，于是说："如果您确实喜欢这一件，您可以去试衣间试一试，相信您穿着一定很好看。它的价格虽然稍微贵一点，但穿起来很舒服，性价比也很高。"顾客犹豫着问道："可是我穿这件是不是会显得有点胖啊？"

售货员这才明白了顾客究竟在担心什么，赶忙道："不会，这条裤子一点儿都不会让人显得胖的，还很显瘦，这一点您可以放心。不信您现在就可以去试一试。"顾客听了这话，喜笑颜开："那不用试了，就买这件吧！"

例子中的售货员之所以一开始无法打动顾客，就是因为她没有摸准顾客真正的想法是什么。不过售货员的情商很高，通过沟通，售货员知道了顾客的想法，于是三言两语便达成了交易。

在工作中，我们一定要明白对方的需求，才能提供有针对性的服务或做有针对性的事，这样才能让对方满意，也才能使工作达到最好的效果。如果不知道对方的想法，我们就很有可能走到错误的方向上，虽然很努力，但效果却不佳。

一个情商很高的人，能通过沟通明白对方的想法，从而有针对性地把事情做好。

有一位可爱的小公主生病了，国王请了很多名医来给公主治病，但是公主的病还是不见好。国王非常焦急，不知道该怎么办才好。这时，公主告诉国王说："如果能够把月亮给我，我的病就会好了。"国王听了更加着急，天上的月亮谁能摘下来？这简直是不可能的事情。

国王想不出好办法，只能把大臣和所有聪明人召集到王宫里，让大家一起商量对策。大臣们议论纷纷，都认为月亮远在千里之外，根本不可能摘下来，更不可能交给公主，因为即便真能把月亮摘下来，它可比他们的整个国家都大。天文学家也认为这事根本不可能，因为目前还没有一个人能弄明白月亮究竟是什么。巫师告诉国王，月亮是一个巨大的蛋糕，被人贴在了天上，但是不要想把它抠下来，因为这件事没人做得到。

议论了半天，也没能有个好结果，国王不停地叹气。这时，一个站岗的侍卫忽然问："国王陛下，大家谈论的这些只不过是各位自己的想法，请问公主心目中的月亮是什么样子的呢？"国王哑口无言，他还真没想过这个问题。侍卫说："国王陛下，请让我试一试吧！"国王同意了他的请求。

侍卫来到公主面前，问道："公主，您想要的月亮是什么样子的呢？"公主回答说："我看到的月亮经常会出现在树梢上，它大概有我的指甲盖大小，我用手指就可以把它遮住了。"侍卫很高兴，又问："您觉得月亮是由什么做的呢？""当然是金子，它看起来金灿灿的。"公主兴奋地回答。于是，侍卫立即找人打造了一个很小的金月亮，做成项链送给了公主。结果，公主非常高兴，她的病很快就好了。

故事中的公主想要的月亮和众人心中所想的月亮完全不同。众人之所以觉得这件事根本无法办到，是因为他们没能和公主沟通好，不了解公主的真实想法。而侍卫的情商非常高，他耐心和公主沟通，了解了公主的真实想法，所以问题便迎刃而解。

很多事情看起来千难万难，只因我们的思维陷入了误区，我们没能把握住对方的真实想法。通过高情商的沟通，了解了对方的真实想法，我们在做事时就会更有针对性，不但能省时省力，还能把事情做得更好。

高情商的沟通能让你的效率更高

高情商的沟通对工作非常重要，其中一个原因在于，它可以让你的工作效率变得更高。

很多人在做具体的工作时表现得很出色，但是情商不够高，在沟通方面做得差强人意。而由于无法把沟通做好，在工作时就容易出现各种小问题，工作的效率也就受到了影响，无法达到最高的沟通效率。提高情商和沟通能力，能够使我们在工作中和周围的环境更加和谐，避免很多不必要的问题和误会，让工作效率变得更高。

李锐是毕业没多久的大学生，他刚到一家公司工作，为了展现自己的能力，总是加班加点地工作，而且工作做得还不错。经理看李锐的工作业绩不错，当众表扬了他。这下，李锐的工作热情更高了。

但是，又过了一段时间，经理发现了问题。李锐虽然每次都把工作做得很好，但他天天都在加班。经理在几次因紧急任务加班工作时，都能看到李锐在办公室加班，而其他同事早就下班回家了。于是经理觉得李锐虽然能够将工作做好，却存在很严重的问题，工作效率低。经理决定帮助李锐改掉这个问题，便把李锐叫到办公室。

李锐不知道经理有什么事儿找自己，有点儿忐忑。经理让他坐下，询问他最近工作感觉怎么样，累不累。李锐连忙表示不累，而且说工作得很开心，对公司的环境和同事都很满意。经理看着他笑了起来，说："看你都累出黑眼圈了，还说不累呢？"李锐尴尬地抓了抓头，不知道该怎么回答。经理又说："你是不是在工作中遇到什么问题了，我看你每天都在加班，这样的工作效率可不行啊！总这么下去会把自己累垮的。"李锐想了想，实在想不出自己有什么问题，只能说："可能是因为刚来公司，还不适应吧，过一段时间就好了。"经理笑道："都三个月了，时间不算短了。既然你自己不知道问题出在哪里，把你的工作情况详细地告诉我，我来帮你分析一下。"

接下来，在李锐的叙述中，经理发现他和周围的同事沟通得比较少，本来很多事情问一下别人就可以解决，或者是跟别人说一下就能少走弯路的，他却要自己摸索很久，甚至要做错后再去改。经理给李锐提了意见，告诉他智商很重要，情商也很重要，并要求他以后多注意和同事沟通。李锐听了经理的话后，积极做出调整，果然工作效率提高了，能够在工作时间内把工作做好，很少再有加班的情况出现。

仅把工作做好还不够，我们应该注意提高自己的工作效率。而要做到高效工作，高情商的沟通是十分必要的。例子中的李锐因为和同事之间缺少沟通，导致自己的工作效率低下，本来可以轻松完成的工作，却要费尽九牛二虎之力，还要经常加班。努力工作的态度很好，但如果工作效率很低，也不是长久之道。

小刘的领导给小刘安排了一项任务，为了把这项任务做好，小刘立即投入工作中，并且做事非常积极。然而，在工作的过程中，小刘遇到了难题。按照领导的时间限制，要在这么短的时间里解决这些难题，把工作做好，是非常困难的。于是小刘感到很疑惑，是不是领导在交代任务时出了错？

小刘没有让这个疑问存留下去，而是直接找到领导，把自己的想法提了出来。果然，领导在交代任务时没有说清楚，有几处问题不需要他来解决，他的工作量没有想象中那么大。问清楚后，小刘感到轻松多了，顺利完成了任务，避免了做无用功的情况发生。

正因为小刘情商很高，在工作中注意沟通，才避免了走弯路，使工作效率更高，也能很好地完成领导交给他的任务。

在工作中没有小事，有不明白的地方一定要询问清楚，该沟通的时候就要沟通。注意培养自己的情商，把沟通做到位，把事情理顺了，做事就会清楚明白，也能更好地做计划。于是，工作就会有条不紊，效率更高。

情商高的人总是能知己知彼

兵法上讲究"知己知彼，百战不殆"。商场如战场，要想在工作中战胜对手，也应该努力做到知己知彼。要做到这一点，情商起着至关重要的作用。通过高情商的沟通，我们就能知道对方的信息，也能知道对方的意图，然后便可以对症下药，战胜对手，取得成功。

　　某生产厂家的老板和客户谈一单生产加工的生意，客户表现得很强势，对价格打压得很厉害。老板的情商很高，他并没有因此而感到气恼，只是耐心询问对方的要求。通过沟通，老板加深了对客户需求的了解。经过一番思考之后，老板忽然说："根据贵公司的需求来看，贵公司所提出的价格不合理，我们需要把价格再提升一点。"说着，老板给出了自己认为合理的价格。

　　客户对老板的提价表示不满意，并说："如果你们不能给出令人满意的价格，我们会考虑和其他工厂合作。"老板不慌不忙，笑了笑说："您当然可以，这是您的自由。不过，从我们刚才的谈话来看，贵公司对产品的精度要求是比较高的，这不但需要先进的生产设备，还需要高洁净度的工作环境，就算做不到无尘环境，也要接近这种环境才行。据我所知，贵公司以前合作过的厂家，没有一个可以达到这种水平。而从这一点来看，我提出的价格是非常合理的，您肯定无法在同类工厂中找到一个比我的报价更低的工厂了。"

　　客户静静地看了老板一会儿，笑了起来："既然你已经认定了这一点，那么就按照你说的价格好了。不过我们要求产品的精度必须有保证。"老板微笑着保证道："那是肯定的。"

　　例子中的老板情商很高，他通过和客户的沟通，了解了客户的情况，做到了知己知彼。这样一来，老板把客户最关键的核心需求把握住了，也就等于知道了对方的底牌,所以能迅速将谈判的主动权掌握在自己手中,最终达成合作。

情商高的人会在沟通的过程中,时刻注意搜集对方的信息,一旦发现能够多了解对方的机会,坚决不放过。当对方主动提及他的事情时,情商高的人会用心去听。若对方不主动提及他的事情,要引导对方去说他的事情。在沟通中如果做到了这一点,就能发现很多对方的信息,让沟通的价值最大化。

某商店的商品经常在网络上做推广,也在朋友圈等地发布信息,并通过朋友之间介绍客户的方式来寻找客户。店主是一个情商很高的人,总是能通过沟通抓住客户的心理,只要有客户踏入店门,很少会空手而归,一般都要买他的产品。

当有客人进店时,店主在打过招呼后,会先像闲聊一样问一句:"欢迎您光临小店,请问您是在网上看到我们的广告信息,还是朋友介绍过来的呢?"

如果客人的回答是朋友介绍来的,店主就对客户有了初步的了解,在介绍商品时就会简单一些,并且以告诉客户店里对朋友介绍来的人有优惠为主。因为店主知道,既然是朋友介绍来的客户,肯定比较信任商店,也不会怀疑商品有假,所以这方面不需要担心。而既然是朋友介绍来的,客户就会感觉在心理上比较亲近,这时告诉客户朋友介绍来的人可以享受一些优惠,并且推心置腹地给客户开出良心价,客户就会在倍感亲切的情况下,很快下定购买的决心。

如果客人回答是因为在网上看到广告，所以到店里来看看。店主就会详细介绍自己的商品，并和其他的商品作对比，突出自己商品的独特性，并保证商品货真价实，再三强调性价比。这样一来，客户觉得这里的商品很好，而且价格也很合理，最终在店主的引导下，或多或少都会买一些商品。

沟通时要做到知己知彼，才能把话说到点子上，把话说进对方的心里，最终取得好的效果。例子中的店主情商很高，在见到客户第一眼时，就主动用语言来引导对方说出他们的信息，于是就可以在接下来的言语中，为客户购买商品不断铺平道路。可以说，这个店主已经把知己知彼的策略在沟通中运用得非常好了。

情商高的人在和别人沟通时，不会只顾着自己说，还会多听对方怎么说，从对方的话中分析他的情况，了解他的想法和需求。就算对方不主动谈论他自己，也要用语言来引导他们谈论。这样，做到了知己知彼，才能左右沟通的局面，最终把事情做成。

话说对了，事才能成

沟通是一项需要情商的技术活，在沟通中，把话说对了，事才能办成，如果说不对话，事情就很难成。所以说话并不简单，说合时宜的话、得体的话，才能起到积极的作用。如果一不小心说了不合时宜的话，可能一下子就把事情搞砸了。

沟通影响着成败，因此情商高的人在说话时一定会反复思考，三思后再开口。如果说话不经大脑，张口就来，原本能够办成的事，也会遭遇很多困难。

"服务员，你们这儿怎么回事，我点完餐都这么久了，怎么饭还没做好？"一个男性顾客高声叫喊道。

服务员小杨连忙走过来，解释道："真不好意思，现在正是饭点，吃饭的人比较多，所以要慢一点。您不要着急，您点的什么餐，我帮您催一下。"

顾客不耐烦地说了自己点的是什么餐。小杨刚准备离开，旁边一位顾客的饭被端了出来。这下眼前这位顾客更生气了，向小杨质问道："怎么比我点餐晚的人的饭都上来了，我的还没做好，你逗我玩呢！"

面对顾客如此恶劣的态度，小杨并没有生气，而是微笑着解释道："您旁边这位顾客来得比您早，他本来坐在别的位置上，是挪到这边来的，我想您是误会了。而且，您点的餐需要做时间长一点才好吃，我们也是为了饭菜的口感更好呀！您不要着急，您的饭应该马上就好了，我这就帮您去催一下。"

顾客见小杨的脾气这么好，而且说得很有道理，点了点头，态度也缓和了下来。

例子中的小杨情商很高，知道顾客为什么生气，而且说话很有分寸，对顾客的态度也非常好。所以小杨能安抚顾客的情绪，把事情完美解决。如果小杨情商不高，言语间把握不好分寸，做出的解释也无法令顾客满意，那么就有可能激化矛盾，惹怒顾客，带来严重的后果。

把话说对了，事情就能成。情商高的人在对待态度不好的人时，即便对方说得不在理，也会保持心平气和的态度。我们要保持好态度，这样才能和对方讲道理，最终平复矛盾，让事情妥善解决。如果对方态度不好，我们自己的态度也很差，那么有可能就会吵起来，让本来不大的事情变得不可收拾。

项羽在一场战争中对老百姓帮助对手守城感到非常愤怒，于是在攻下城池后下令，要把年轻力壮的男人全部活埋，以表示对这些人的惩罚。这个命令一传出去，城里顿时一片惶恐，按照这个命令，成千上万的人将要惨遭杀戮。

人们都觉得项羽这个命令实在是太荒唐了，但谁都无法劝项羽改变主意。这时，一个小孩子突然求见项羽。项羽觉得很好奇，不知道一个小孩子找自己能有什么事，于是就让他过来了。小孩儿见了项羽，表现得很从容，对项羽说："城里的老百姓受到了欺压，却都敢怒不敢言，天天等着大王来救他们于水火之中。没想到，大王来了，却要杀他们。我觉得一个仁慈的人是不会做出这种事的，而大王您一直都很仁慈。假如真的杀掉那么多人，对大王的名声会造成很恶劣的影响。当大家都知道大王会杀掉投降的人，以后谁还敢开门迎接您入城呢？肯定会死守到底。"

项羽还是很生气。小孩儿又接着说:"如果城里的百姓不是心向着大王,大王怎么可能如此轻易就把城池夺回呢?所以请大王不要怀疑百姓的真心。"

听了这些话,项羽终于改变了主意,打消了杀人的念头。

别人都劝不动项羽,然而一个小孩儿却救了无数人的性命,因为小孩儿年纪虽小情商却很高,把话说对了,所以就能成事。我们在沟通时,一定要注意自己的话语,想一想对方想听什么话,仔细思考怎样才能打动对方,想好了再说。

沟通中,说一句能打动对方的话,顶得上十句不管用的话。把话说对了,事就容易办成。有些事情之所以在我们眼中很难办,可能就因为我们情商不够,没把话说对。那些办事效率高、能力强的人,都有很高的情商,善于在沟通中说能发挥效果的、合时宜的话。因此,我们一定要重视自己的情商,学会高情商的沟通技巧,这样才能提高我们办事的成功率。

第三章　成功者都情商高、善于沟通

情商高、善于沟通能够给我们带来很大的帮助，让我们在成功的道路上走得更加顺风顺水。对很多成功者来说，他们的成功，和他们的高情商和强大的沟通能力有着密不可分的关系。可以说，情商高、善于沟通是成功者的一个共性。

雷军：高情商的沟通要有参与感

雷军是乔布斯的粉丝，他对乔布斯高情商的演讲非常喜爱，所以也特别重视利用情商和用户之间进行良好的沟通互动。雷军在高情商的沟通中很注重"参与感"，因此小米公司一直特别强调参与感，通过和用户之间的各种互动，将沟通的价值最大化。小米公司能够在短短几年时间里迅速发展壮大，成为国产手机中的知名品牌，和这种高参与感有很大的关系。

雷军的情商很高，他通过和用户的沟通，给用户带来了很强的参与感。所以小米公司的用户有很多都是他忠实的粉丝，是铁杆"米粉"。经常有用户在家里使用成套的小米产品，不仅家人都用小米手机，还用小米电视、路由器、扫地机器人等一系列产品。

雷军高情商的沟通能力，除了体现在整个小米公司和用户的互动上，在他自己身上也有很强的体现。

通过演讲和用户沟通

小米公司的产品发布会一直都是小米粉丝们津津乐道的事，很多人愿意现场参加小米公司的发布会。雷军在发布会上高情商的演讲很是激动人心，和乔布斯的演讲有异曲同工之妙。

虽然有人认为雷军的演讲有着工程师式的思维，喜欢用数据来说话，让非专业人士听了有些云里雾里。但是，雷军演讲的优势在于他能够用自己高情商的表达，激发人们的情感。这就使得他的演讲直达人们的内心。

以一段雷军的演讲为例：

我认为要基业长青，就要做到两条：第一真材实料，第二对得起良心。

……

思考过这个以后，我创办小米公司时就想走一条不同的路：我们做产品的材料，要全部用全球最好的。夸张地说，我们"只买贵的，不买对的"，贵肯定是有道理的。对于一个从零创办的公司而言，这是非常不容易的，因为这意味着我们的成本比别人高了一大截。

雷军在演讲时的用词也许不如一些人好，但是他胜在了情商上，情商在上面这段话中起了非常大的作用。雷军总是能用他高情商的语言感染别人，让他的演讲变得激动人心。正因如此，小米公司的粉丝都喜欢听他的演讲，也因为他的演讲而欣赏他，爱上小米公司。

在演讲时，雷军会处处以产品和用户为出发点，体现"以用户的感受和要求做产品"的思想，让用户觉得他们对小米公司来说很重要，也增强了用户的参与感。这种高情商的沟通，让用户知道，他们对小米公司有特殊的意义，于是相应地，用户也会认为小米公司对他们有重要的意义。

通过直播和用户沟通

雷军不仅做演讲，还通过直播和用户进行沟通。在直播火爆时，雷军也打开摄像头，在网络平台和用户隔着屏幕进行互动。通过这种最直接的互动方式，增强了用户的参与感，让用户觉得他们和雷军的距离更近了，每个人都能感受到被关注和被重视。

以前即便是做演讲，雷军面对的也是有限的用户，但做直播，却可以和更多的用户直接见面，这种沟通显然更具有影响力。

在小米公司的年会上，雷军通过手机给用户进行现场直播。此前，雷军并没有直播的计划，他是心血来潮，突然给用户做起了直播的，所以显得非常真实，毫不做作。

雷军的直播顿时引来了一大批"米粉"围观，雷军看着人家在屏幕上打的字，和粉丝们互动，直播效果非常好。

雷军表示："直播已经是'90后'年轻人中最火的一种互动模式，它真实，直接，互动性强，比论坛和IM软件的即时性更强。我相信不但'90后'喜欢它，就算是'80后''70后'，甚至'60后'，只要多玩几次，我相信也会喜欢上这个东西的。"

网友们对雷军的直播赞不绝口，认为雷军一点儿架子也没有，和大家就像是老朋友一样聊天，沟通的效果特别好。

通过直播，雷军和用户之间的距离更近了，用户能够通过直播直接和他对话，大大提升了参与感。通过这种方式，雷军将他高情商的优势发挥得淋漓尽致，把和用户之间的沟通做得更好，也让粉丝们对小米公司更加信赖和喜爱。

刘强东：用高情商的沟通和员工打成一片

一提到送货速度快，大概不少人第一个想到的就是京东商城。京东的物流速度真不是吹出来的，很多时候，用户上午下单，下午东西就被送到家了。京东能够有如此好的服务，京东的快递员能有如此高的工作热情，和刘强东情商高、善于与员工沟通有很大的关系。

尽管京东已经发展为电商平台的知名品牌，但刘强东始终不忘初心，非常关心基层员工。他还会穿上快递员的服装，当一天普通的京东配送员。他总是不忘和基层的员工沟通，通过高情商的沟通和员工打成一片。

在银丰大厦办公时，刘强东有每天在办公室转悠的习惯，他要看一看员工是不是有好的工作状态，员工对公司的情况满不满意等。他还要对销售数据进行关注，并对具体销售战术提供指导。后来，京东越做越大，刘强东无法每天都和员工具体交流了，但他始终不忘和员工沟通，而且始终心系基层的普通员工。

刘强东关心员工是出了名的，他所关注的细节，甚至会让人感到不可思议。比如，在三八妇女节时，他会关心每个女员工的礼物是不是都准备好了；在冬天大雪纷飞时，他会关注配送员是不是做好了防寒的措施，穿得够不够暖和等。

刘强东情商高，处处关心员工，在任何时候都特别重视员工的疾苦。当员工遇到问题时，他总是第一时间看到，并通过和员工沟通，了解第一手情况。他是一个始终扎根在基层员工里的人，虽然是京东的大老板，触觉却比基层的管理者都要敏锐。

刘强东为了基层员工能够在工作中更舒适，在夏天会给员工发饮料，并且有连续三个月的高温补贴。冬天的情况和夏天相似，也会发放防寒补贴，一发就是三个月。

看到员工的宿舍条件不好，刘强东马上就和基层员工沟通了这件事。充分了解情况之后，便在高层召开会议，要让每个员工都住上空调宿舍，如果解决不了这个问题，就安排员工到有空调的宾馆里去住。

很快，刘强东就让每一个京东的配送站都装上了空调和热水器。配送员虽然在路上必须和自然环境对抗，但在休息时总是能享受到更好的环境。为此，京东的员工都对刘强东感激在心。

京东在春节员工加班时，是一定要给额外补贴的。这还不算，刘强东有一次看到关于留守儿童的新闻，于是便给春节期间所有孩子在外地的值班员工发放补助，每个孩子补助3000元。

从例子中可以看出，刘强东和员工的沟通，不仅是和员工当面谈这种语言上的沟通，他高情商的沟通体现在方方面面，包括语言的和非语言的沟通，是每时每刻都在做的。他能看到员工遇到的问题，即便员工不说，他也通过各种公司制度，和员工进行着最亲密的交流。看到新闻上的报道，即便是不关自己公司的事，他也能联想到自己公司是不是也存在这样的问题，赶紧做出行动，防患于未然，把员工的问题解决在发生之前。

刘强东和员工高情商的沟通，体现在他能在第一时间发现员工的问题，并立即给员工解决问题，正因如此，他能够和员工打成一片。他不但没有架子，和员工之间没有隔阂，还是员工心中的好老板。员工在京东工作，都是心甘情愿地出力气，全心全意把工作做好。

医疗费用是人们日常生活中必不可少的消费之一，为了把病治好，医院收费再贵也要去看。为了让京东的员工能够消除这份忧虑，减轻员工的生活负担，让员工在工作中更轻松。刘强东宣布，在京东工作五年以上的老员工，京东将会报销医药费。于是，除医疗保险外，京东的员工又有了新的保障，超出医疗保险覆盖范围的费用也不用担心了。

对刘强东新制定的这个制度，不仅京东的员工纷纷叫好，网友们也非常认可。

刘强东和员工沟通，和员工打成一片，没有什么惊人的技巧。他只不过是情商特别高，把心和员工放在了一起。当员工出现问题时，他能第一时间听到员工的声音，帮员工解决问题；当员工还没有出现问题时，他能提前想到有可能出现的问题，防患于未然。

刘强东的沟通，就是胜在情商高这一点上。在沟通中，如果我们也能够充分发挥我们的情商，真正用心关注别人，去感同身受地体会别人的感受，那么我们一定也能像刘强东那样，把沟通做好。

周鸿祎：我要当客服

周鸿祎一直都把360公司的产品做得很好，这一点用户是深有体会的，无论是它的电脑杀毒软件，还是它的儿童手表，都很不错。周鸿祎之所以把产品做得这么好，做得这么受用户欢迎，是因为他情商高，特别注重和用户的沟通，并把沟通做得非常好。他知道用户在想什么，所以知道该做什么样的产品。

有一次，360公司的用户在网上反馈问题，结果周鸿祎作为一个董事长兼CEO，居然亲自解答网友的问题，当起了客服。这让用户有点儿受宠若惊，也让公司的员工对他感到有些"不满"。有些员工甚至在私底下"抱怨"：董事长都亲自上阵去当客服了，还要我们干什么？

对于这件事，周鸿祎有他自己的看法。他认为，为了和用户做好沟通，没什么是不能做的，董事长当客服又有什么关系呢？这样才能听到最真实的声音，掌握第一手的信息。为了让员工充分理解自己的行为，周鸿祎专门在公司开了一个会，讲了这件事："上次有个同学给我写信提建议。他给我提出建议，我觉得很好，但是他的建议反映出，团队存在一种不正确的思想。大家觉得老周为什么当客服啊？用户遇到问题老周是不是就要用超级权力去帮他们解决啊？可能还有人会说，老周都做客服了、一言九鼎了，还要我们干什么呀？出现这些不成熟的思想，是因为我们的团队文化混乱，缺乏一致的做事方法。要解决这个问题，就要把'用户至上，体验为王'真正贯彻为我们团队的文化，这也是互联网思维最基本的点。"

周鸿祎在讲了自己的初衷后，又给员工讲了他的四点要求：做产品必须亲自试用；做产品要接地气，保持手感；重视用户反馈，用"用户至上"理念做好客服；团队回归初心，打磨好产品。

周鸿祎觉得做产品必须要把产品做好，要自己用一用，才知道产品哪里好哪里不好，要听到用户的声音，才知道用户关注的点在哪里。所以他非常重视和用户之间的沟通，认为和用户沟通是最重要的事。知道了这一点后，就不难理解他为什么以一个公司董事长的身份亲自来当客服了。

实际上，周鸿祎和用户之间的沟通一直都做得非常好，情商高的他总是通过各种方式加强和用户之间的沟通。除了当过客服，他还做过直播。

在《鲁豫有约》的节目上，周鸿祎通过镜头，向网友们做了一次长达五个小时的直播。在用镜头领着网友们参观了办公室、音响室、射击室等地方后，周鸿祎还和网友们进行了互动。

这种直播互动式的沟通深受网友们的喜爱，和他沟通的人非常多，而周鸿祎表现得也非常好，他用风趣幽默的话和网友们聊得火热。当有人调侃他的坐姿不好时，周鸿祎一点也不生气，反而自嘲道："这是'北京瘫'。"当有人问他为什么要多读书时，周鸿祎用自己的相貌调侃道："人丑就要多读书。"

周鸿祎在直播中和网友们互动，当客服也是为了和用户互动，可见，他一直都把和用户的互动沟通看得非常重要。

他在和员工开会时表示，各级员工都要高度重视用户的反馈。不管是做安全软件产品还是做智能硬件产品，用户的反馈都是至关重要的。有的人可能会觉得用户的反馈很无聊，但这些反馈的价值却远远超乎我们的想象。他形象地解释说，当有十个用户对产品不满意时，一般有九个用户会直接走掉，根本不会提供反馈，而剩下的那一个用户给出了反馈，这反馈有多么重要，不言而喻。不重视用户的反馈，就是最大的错误。

周鸿祎还经常提醒员工在和用户沟通时要运用情商。很多用户因为对专业的知识不了解，再加上表达能力可能不是非常好，说出的问题不是特别清楚。这时，应该认真去分析用户反馈的问题实质在哪里，表象之下是怎样的问题，然后从根本上把问题解决掉。他亲自当客服，就是希望大家充分重视起客服问题，因为客服问题不是小问题，是关乎用户体验和产品改进的大问题。

周鸿祎情商高，始终把用户体验放在首位，把和用户沟通当成重中之重的问题去对待。在和用户的沟通中，产品的问题就被发现了，产品该如何改进也就清楚了。这就是为什么360总是能把产品做得那么好，也是360产品能深受用户喜爱的原因。

技术篇
情商高、有技巧才能做好沟通

第四章　情商高也要掌握语言沟通方法

沟通最常用的一种方式就是语言沟通。我们每天都在和别人说话，但我们不一定真正掌握了语言沟通的正确方法。情商高的人也要掌握正确的语言沟通方法。同样是语言沟通，用对了方法才能使沟通效果更好。

情商高的人沟通时说话总是留有余地

情商高、懂得沟通技巧的人，在说自己成功的事迹时，一定会再说一说自己出丑的那些经历，以拉近和别人之间的距离，并让自己显得更接地气。如果只顾着说自己的成功，别人听了就会觉得你是在炫耀，会产生不满的情绪，甚至会嫉妒你。这样一来，沟通的效果就不会太好。

在和别人沟通时，我们不能表现得特别强势，否则即便说的都是事实，也会引起对方的反感。情商高的人在沟通时，说话总是留有余地。这样就让对方感受到，自己是一个懂得照顾别人感受的人，也是一个不傲慢、值得亲近的人。

情商高的人不仅在说自己的事情时，不会只捡成功的事儿说，在说别人的事情时，也不会把话说得太绝，要给对方留面子。如果能够做到在说自己时不显得骄傲，在说别人时不显得居高临下，处处留有余地，就会对良好的沟通有很大的帮助。

小周的一个朋友小陈最近和女朋友分手了，情感上遭受了打击。小周为了安慰小陈，让他尽快从低迷的境况中走出来，约了几个朋友周末来家里吃饭，准备开导开导他。

到了周末，几个朋友都在小周家里聚齐了，可小陈还没有来。人们等得有点儿不耐烦了，小周却劝说大家不要生气，因为小陈最近心情不好，这些都是情有可原的，并且嘱咐他们一会儿一定要好好帮忙劝劝小陈。

等了很久，小陈终于来了，却一副无精打采的样子，对众人视而不见，直接找了个角落坐下了，也不说话，就是自己发呆。小周见状连忙开始介绍起来，把自己的这些朋友都介绍给小陈认识，但小陈还是表现得很冷淡。小周为了缓解气氛，立即宣布开始吃饭，把酒菜都端上了桌。

大家推杯换盏，尽量让气氛热烈一些，可小陈还是沉浸在自己的世界里，酒也很少喝，就像个木头人一样。看小陈这么冷漠，小周的一个朋友忍不住说："兄弟，不就是失恋了吗，有什么大不了的？两个人如果不合适，分手也很正常啊，勉强在一起也不会幸福的。"小陈好像没听到他的话，根本不接他的茬。这人受够了小陈的脸色，嘲笑道："就你这脾气，能有女孩子喜欢才怪呢，怪不得人家要跟你分手。"

小周听到这话，连忙挥手制止，却已经晚了，小陈豁然站起，说了句："你们慢慢吃，我先走了。"然后头也不回地走了。小周见小陈走了，没有办法,只能向朋友埋怨道:"说好了来劝人的,你们说话就不能注意点儿分寸吗?"结果说话的朋友感到很委屈,听小周这么说,也站起身走了。本来好好的一个饭局,散场时大家都很不愉快。

例子中的小周和小周的朋友,都犯了说话不留余地的错误。如果小周的朋友在劝说小陈时,能站在小陈的立场上去想问题,而不是冷嘲热讽,小陈就不会生气离开。在小陈离开后,小周不应该向朋友抱怨,而应该理解这种情况,并安抚朋友的情绪,这样就能保证朋友不会受到事件的影响。

说话留有余地,事情就不会闹得太僵,这不仅是给别人留余地,也是给自己留余地。说话不留余地,一旦引起了对方的不满,不仅对方生气,自己也下不来台,双方不欢而散,对谁都没有好处。

小杰工作做得不是很好,他自己也知道这一点,所以心理压力一直很大。一次,经理把小杰叫到办公室。小杰以为经理肯定会狠狠批评自己一顿,所以心里战战兢兢的,大气都不敢出一口。

经理果然指出了他工作做得不好这一点,却没有像小杰想象中那样劈头盖脸地批评他一顿,一直很和蔼。经理指出他在工作上哪里做得不好,并告诉他,他之所以无法把工作做好,一方面,是因为他对工作还不是很熟悉;另一方面,是因为他的能力还没有达到一定的水平。然后,经理给他提出了一些改进的具体方法,并鼓励他继续努力,争取早日把工作做得顺利起来。

小杰没想到经理不但没有批评他,还鼓励他,对他的期望甚至比他自己对自己的期望都大，处处给他留有余地，十分感动。小杰答应经理，一定会更加努力，提高自己的能力，尽快熟练地掌握工作内容。在今后的日子里，小杰果然在工作时更用心了，进步速度也非常快。

情商高的人在说话时会给别人留有余地，并不会出现别人不能理解他们话中意思的情况。相反，这样给别人留有余地，别人不但能够领会话中的意思，还会对这种照顾他人情绪的做法心生好感，效果比把不好听的话直接说出来要好得多。

直截了当地把所有的话说出来，虽然是耿直的体现，但耿直也要分时候、分场合。情商高的人在沟通时，该留有余地的情况下，一定会注意留有余地。因为这样能让沟通的效果变得更好，同时能保证人际关系的和谐融洽。

情商高的人会主动道歉赢得好感

在与人交往中，谁都难免会犯错。情商高的人不会等别人指出他们的错误，而是会主动向对方道歉。当我们果断地承认错误，并向对方道歉时，我们良好的态度能更好地赢得别人的原谅。

有的人做错了事以后硬撑着，不仅不会自己去主动道歉，当别人指出他的错误时，他还会死要面子，坚决不承认错误。这就是情商低的表现，这样会给别人留下很坏的印象，让人认为他是一个不负责任也没有担当的人。

错误本身可能并不是最重要的，我们对待错误的态度却很重要。情商高的人在沟通时主动道歉，这是诚心诚意和别人沟通的开始，也是双方深度交流互动的开始。

主动道歉能够赢得对方的好感，让对方的情绪平复下来，从而营造一个好的沟通环境。既然我们知道自己犯错了，为什么不主动承认错误呢？主动承认错误，能够让双方将谈话的重点放在如何解决这个问题上，避免了在犯没犯错这个点上纠缠，也就更容易让问题得到妥善处理。

林晓在工作中出错了，耽误了不少的时间，没能按时完成老板交给的任务。还没等老板批评她，她就主动来到老板的办公室，把自己没能按时完成工作的事一五一十地说了出来，并且请求老板对她进行相应的处罚。此外，林晓还希望老板给她一个机会，让她能够接着做这个任务，以弥补她导致的损失。

老板本来为她给公司带来的损失感到很生气，这时见她主动认错，而且言辞恳切，一下子消了气。老板不但不再生气，还想起自己在这件事上也有责任。原来他一开始给林晓布置任务时，方向没有把握对，所以林晓一开始做的很多工作都成了无用功，后来老板在任务中途给林晓纠正了一次方向，这才导致林晓没有按时完成工作。这么一想，老板觉得这件事不能怪林晓，换了是其他人也不一定能做好。于是老板没有处罚林晓，而是又给了她一点儿时间，让她去把工作做好，并告诉她这件事不能怪她，自己也应该负有责任。

林晓情商很高，她能够主动找老板认错，赢得老板的好感。本来还在生她气的老板，一下子消了气，并且能够客观分析事实，看到自己身上的责任。如果林晓情商不高，不去找老板认错，而是等着老板批评，或者把责任推给老板，老板可能会认为她在推卸责任，变得更加生气，后果就很难预料了。

主动道歉，承认自己做得不好，这首先就是一个非常好的态度。有了这样的态度，对方就会产生好感，也就会变得更宽容，于是沟通就容易进行下去。因此，情商高的人在沟通时，如果发现自己犯错了，就应该主动道歉，不要等对方提出来，更不要否认。

情商高的人会把握赞美的时机

我们都希望听到别人的赞美，但如果这个赞美并不能让我们认同，可能我们会觉得对方是在敷衍，或者言不由衷，就不会有什么感觉。在沟通时，情商高的人会在适当的时机说出赞美的话，让对方听到后觉得这赞美是发自内心的，并真正感到开心。这样的赞美能拉近双方的感情，也能让沟通更好地进行下去。

当所有人都在赞美一个人的成功时，他可能对这类赞美的话麻木了。我们可以在他刚完成一项工作时，赞美他为了成功而付出的辛勤努力，这样他一定会有不一样的感觉，也会记住你对他的认可和赞美。其他情况下的赞美也是如此。情商高的人懂得在适当的时机说出赞美的话，让赞美的效果更好。

一个女明星长得非常漂亮，名气也很大，所有见到她的人都被她的美貌所折服，不吝赞美她的语言。然而这个女明星早就听惯了这类赞美，并对这些赞美无动于衷，甚至不觉得这是赞美，也不会对这些赞美她美貌的人生出好感。不过，一些人为了能够同这个女明星合作，还是整天寻找机会，却很少有人能赢得她的青睐。

有一次，女明星在赶往一个活动的途中出了点小状况。车子正常行驶的途中，一条小狗忽然从路上跑过。司机猛踩刹车，车子发出一阵刺耳的响声，在撞到小狗前停了下来，不过小狗已经吓坏了，呆呆地蹲在地上，不敢动弹。女明星连忙跑下车，检查小狗的身体，并轻声哄着它。这时，一个一直寻找和她合作的人恰好看到，给她拍了几张照片，并赞美道："这才是最美的瞬间啊！有爱心的人永远是最美的。"女明星笑着看了他一眼，觉得他说得很对。这人连忙又说："我们剧组目前正在寻找女主角，需要很有爱心的那种，您看您可不可以加入我们剧组？"女明星的心情特别好，当时便领着他去见自己的经纪人，并商定了合作事宜。

例子中的女明星整天听到别人赞美她漂亮的话，对这样的话语产生了抵触心理，不但没有开心的感觉，还觉得别人这是在随口敷衍。而当她展现出她有爱心的一面时，情商高的人抓住这个机会来赞美她，就能让她感觉这赞美是出自真心的，这样的赞美就能成功打动她。

在生活或工作中，要想赞美一个人，不能只顾着说赞美的话，还要找准时机。找准了时机，赞美的效果就会加倍，找不准时机，话说得再漂亮，对方也听不到心里去，最后就没什么作用。

一位顾客在一种花色的瓷砖前看了很长时间，这时导购连忙过去说道："您喜欢这一款瓷砖吗？您真是太有眼光了，这一款瓷砖是新款，也是我们最近主打的产品，质量和销量都非常好。"顾客听了导购的赞美，觉得很受用，问道："这种瓷砖多少钱一块？"导购回答说："最近我们正在搞活动，活动价格是150元一块。"顾客皱起了眉头："这么贵啊！不能便宜点吗？"

导购见顾客觉得价格贵，知道如果一直纠缠在价格的问题上，这单生意可能就做不成了，连忙从别的方向寻找突破口："请问您家是哪个小区？"顾客说出了小区的名字。导购立即夸赞道："这个小区是我们市最好的楼盘之一了，很多人都想在那里买一套房呢？听说那里的环境非常好，交通也很便利。"顾客听了这些赞美的话，顿时又高兴起来。导购接着说："近期我们对这个楼盘有一项特别的活动，能够在折扣的基础上再优惠一些，还真能替您再省一笔钱。不过话说回来，既然您能在这么好的小区买房，应该也不在乎这么一点小钱了。"顾客听了这样的赞美话，心里更高兴了，当时便做了购买的决定，并交了定金。

例子中的导购情商很高，也很会说话，特别善于抓住时机说出合适的赞美语言。当顾客看中产品时，立即夸赞顾客的眼光好，当问到顾客所在的小区时，立即夸赞顾客的小区环境好，并且对顾客的财力也表示认可。

顾客在不知不觉中心情大好，最终做出购买的决定。

在适当的时机说出赞美的话，就能达到既赞美了别人，又不容易让别人察觉的效果。这样的赞美才是最有效的赞美。如果在沟通中，我们能够掌握这种赞美的技巧，就可以使沟通进行得更加顺利，最终把事情轻松办成。

情商高的人懂得以柔克刚

沟通中不要表现得特别强势，特别强势不仅会让对方感觉到很大的压力，还可能会引起对方的反感和抵触情绪，使沟通变成争吵。尤其在对方表现得很强势时，我们更不能强势，否则可能会陷入争吵。

在沟通中，情商高的人都懂得以柔克刚的道理。老子说"上善若水"，认为水善于处在卑微的位置上，而人应该效仿水的这种特性，善于在别人面前表现得谦卑，这样才是有大德行。且不说德行的问题，当我们在沟通中表现得很温和时，首先就能安抚对方的情绪。即便对方是个脾气火暴的人，在遇到我们的温和应对时，态度也会受到影响，变得比平时温和一些。

某网店收到了顾客的投诉，说是到手的商品质量差，根本不能用。于是店主连忙联系顾客，询问究竟怎么回事。

顾客非常生气，言语间毫不客气，大声质问道："你们这家店是怎么回事，卖的是假商品吧，我算是被你们给坑了。我已经给你们打了一星差评，这次就算是认栽了，再也不会买你们店的商品了。"

店主听了有点儿摸不着头脑，但他一点儿也不生气，等顾客说完了，才温和地说道："麻烦您把您的情况说一下，如果确实是商品出了问题，我们可以给您退换。"

顾客不耐烦地说："退换什么，还不够麻烦的呢！我也懒得换了，给你们差评就完事儿了。"

店主对顾客的态度很无奈，但也只能赔着笑，小心地问："您还是把您的情况说一下吧，不管怎么回事，我们一定会想办法解决的。"

顾客见他的脾气这么好，气消了不少，终于说道："我在你们店买了一套键盘和鼠标。鼠标没有问题，可以用，但是键盘有好几个按键是凹陷下去的，连打字都是问题，根本不能用。你说，你们这不是坑人嘛！"

店主听了这话松了一口气，他知道这并不是什么大问题，回答道："您好，您的情况没什么大问题，应该是在配送的过程中按键被挤压下去了。我们附送了一个拔键器，您只需要把凹陷下去的按键拔出来，动一动里面的薄膜，就可以恢复正常了。拔键器就在包装袋里，您看一下有没有。"

顾客回答道："哦，有的，我看到了。"

过了一会儿，店主再次和顾客联系，发现顾客的问题已经解决了。顾客的问题解决之后，在追加的评论中给了网店好评，问题得到了完美解决。

在上述案例中，顾客以为网店欺骗了自己，所以态度非常不好，表现得怒气冲冲。这时，店主表现出很高的情商，以十分温和的方式应对，用以柔克刚的方法平息了顾客的怒气，最终使问题得到了解决。如果顾客态度不好，店主态度也不好，双方根本不可能好好沟通，大概说两句话之后，顾客就不再理人了。

在沟通中，当对方表现得盛气凌人时，情商高的人不会针锋相对，而是会以柔和的方式应对。当对方强硬的态度碰到温和的话语，就会实现软着陆，于是沟通得以正常进行下去。

小齐和小王在同一家公司工作，但是分处不同的部门。有一次他们共同合作去做一项任务，结果任务出现了问题。

小齐找到小王，指着任务中的一个环节，质问道："这个问题不是应该由你来解决吗？怎么你没有把它解决，最后使整个任务都出现了问题。这责任由你来负，我可不管。"说着，转身就要走。

小王连忙叫住了他，解释道："这件事不能完全怪我……"

小齐没等小王把话说完，就大声打断他："怎么不完全怪你，不怪你难道要怪我？"

面对小齐这样的态度，小王也没生气，他把当时的数据拿出来给他看："你看，这是你给我提供的两份数据。这两份数据在这里出现了不同的地方，当时我问你应该采用哪一种，你说这里不重要，随便选择哪一个都可以。所以我就选择了一个更容易计算的，谁知道出现了问题。这难道是我一个人的责任吗？"

小齐听了这些话，顿时哑口无言，这么看来，这件事不应该是小王的责任，反而是自己的责任。

不过小王也没有和他深究，说道："既然这份工作由我们两个共同来做，出了问题当然应该由我们共同承担，你放心，我不会推卸责任的。"

小齐被小王的态度打动了，不好意思地说："对不起，刚才是我太着急了，说话没有分寸，你不要介意。"

最终，两个人共同承担了这次的责任，并把任务的修改工作做好了。

小王情商很高，没有因为小齐的恶劣态度而生气，始终以柔和的态度和小齐沟通，这使双方没有因此事而产生矛盾，也让问题得到了解决。如果小王情商不高，面对小齐的质问，态度强硬地回击，即便双方最终没有闹翻，效果也一定不如这样好。

在生活和工作中，情商高的人总是会以柔和的方式来沟通，以达到最好的沟通效果。懂得了以柔克刚的道理，即便是面对脾气不好的人，我们也能让沟通顺利进行下去，并赢得对方的好感。

情商高的人善用回应

在沟通中，适时的回应非常重要。虽然我们不一定是滔滔不绝地说话的那个人，但我们一定要表现出积极的态度。当对方在说话时，情商高的人会在合适的时候做出回应，让沟通变得更顺畅。

有的人可能觉得回应是一件微不足道的小事，甚至觉得"嗯"一下、"啊"一下，或者点点头很麻烦，懒得去做。殊不知，正是这些简单的话语和动作，能让说话的一方更有动力，也让对方知道你是在认真倾听他的话，而不是在开小差。

"对牛弹琴"是谁都不愿意做的事，如果我们说了很多话，对方却没有听，那就会让我们丧失表达的欲望。一般人遇到这种情况时，大概会选择立即停止说话，甚至会转身离开。即便是非常热情的人，在这种情况下也会谈兴大减。对别人的言谈不做回应，是对沟通热情的一种巨大伤害。为了保证沟通的顺畅，情商高的人一定会适时回应别人。

小瑶在生活上遇到了问题，她经常和老公发生矛盾，争吵和冷战时有发生。小瑶对此感到非常苦恼，于是找朋友诉说。朋友见她整天愁眉不展，很担心她，听了她的话以后，给她分析事情的原因，并十分耐心地给她讲道理。

刚开始小瑶还在认真听，但到了后来，小瑶发现朋友把很多责任都归到了自己的头上，于是越听越不耐烦。小瑶一句话也不说了，就看着朋友的嘴在一张一合，说了些什么她一句也没听进去。

朋友发现自己说了很多，小瑶却一点儿反应也没有，一脸木然的表情，感觉她根本就没在听，便停了下来。小瑶的态度让朋友感到很不高兴，本来自己是热心地帮她想办法、出主意，结果她却不以为然，真的是白白浪费了自己的心意。

双方的沟通没办法进行下去了，草草收场，小瑶的问题还是没有得到解决。

小瑶在朋友说话时，不注意进行回应，导致朋友没有了谈兴，沟通就无法继续进行下去了。如果小瑶情商高一些，能够虚心听取朋友的意见，在朋友说话时有一些反应，觉得朋友说得对就点点头，觉得朋友说得不对，就提出自己的想法，情况一定不会是这个样子。像小瑶这样，觉得朋友的话不合自己的想法，就把朋友晾在一旁的做法，是情商低的表现，是不可取的。

钱老板正在和小姜谈工作上的事情，小姜面对老板，表现得有些拘谨，说话都不太连贯了。钱老板认可小姜的能力，只是觉得这个年轻人有点儿害羞，于是就想办法鼓励他。

钱老板让小姜谈一谈对目前工作的看法，小姜一开始表示没什么看法，现在的工作挺好的。钱老板鼓励他说："没关系，现在是移动互联网时代了，工作上的很多问题都应该顺应时代，做出改变，你们年轻人头脑灵活，我想听一听你的看法。你只管说，不用担心，说错了也不要紧。"

小姜这才开始说他对工作的看法，不过刚开始说的时候还是有点儿磕磕绊绊。钱老板觉得小姜说的一些问题很有建设性，在小姜说话的过程中，总是在适当的时候回应他，说些"你说的很对""这个想法不错""嗯，是这么回事"之类的话。渐渐地，小姜放开了，神态变得轻松起来，话也说得更流畅了，并且说出了很多很不错的想法。

钱老板情商很高，他在和小姜沟通的过程中，不断鼓励小姜说下去，使本来很拘束的小姜打开了自我，说出了内心的想法。正是因为钱老板情商高，懂得回应的重要性，才让这次沟通变得更加顺畅。

不过，我们还要注意，附和并不意味着可以随便打断别人的话。情商高的人在进行回应的时机一定是在对方说完一句话，或说完一项内容之后。在合适的时机回应才能有好的效果，掌握不好时机，反而会对沟通不利。关于这一点，我们要牢记在心，时刻提醒自己。

寻找一个好的倾听者并不容易。一个高情商的倾听者会认真聆听讲话者所说的内容，并在合适的时候回应。这样一来，讲话的人有了动力，沟通就能顺利进行下去。在沟通时，我们不但要会说，还要努力成为一个高情商的倾听者，这样就能使沟通的气氛变得更融洽。

情商高的人再得意也不会忘了别人

沟通不是一个人的事，而是一种互动，因此，情商高的人在任何时候，都不会忘了别人。特别是说到得意处，人们最容易忽略别人的感受，表现出得意忘形的样子。情商高的人会在这个时候更加注意，以免引起别人的不满，让双方不欢而散。

当我们处在得意的状态或喜悦、兴奋的状态时，会比平时更加激动，理智也会在这种状态下有所减弱。我们会对外界的情况不那么敏感，沉浸在自己的情感中，也不再注意别人的感受。表现出来的就是，我们的情商和智商明显地"降低"。

所以，情商高的人越是说到得意处，越比平时小心，在得意时也不忘记别人，照顾到别人的感受，确保沟通顺利进行。

杨小茹在某网络公司上班，有一次，她设计的营销方案非常成功。公司为了表扬她，在内部专门开了一个表彰大会，并请杨小茹在会上发言。

杨小茹觉得自己这次的成功真的很不容易，而且公司为自己开这么隆重的表彰大会，有些飘飘然了。在发言时，杨小茹表现得很得意。她讲了自己是如何认真工作的，又讲了自己有多么优秀的品质、付出了多少辛勤努力，最后表示自己取得成功完全是因为个人的努力，并希望所有人都能向自己学习。总之，她完全把功劳揽在了自己身上，一点都没有想过有别人什么事。

杨小茹的发言顿时引起了公司员工的不满。虽然这次营销方案主要是由她设计的，但其他员工也出了不少力，还有人给她提供过很重要的意见，但这些她都视而不见，好像从没发生过一样。

这次表彰大会之后，杨小茹发现周围同事对她的态度都发生了微妙的变化，似乎人人都对她敬而远之。刚开始她以为是大家觉得她能力太强，渐渐她才感觉到了不对，大家不是尊敬她，而是觉得她讨厌。杨小茹怎么都想不通这是为什么，直到有一个以前和她关系不错的同事告诉她，是她在表彰大会上不顾及别人的感受，只想着自己的功劳，把人们都得罪了。

杨小茹这才幡然醒悟，赶紧找了个时间向大家道歉，这才获得了大家的原谅，人际关系也变得好了起来。

例子中的杨小茹在得意时忘了别人，只顾着强调自己的功劳，于是引起了同事们的不满。想一想，其实道理很简单，每个人都处在集体中，取得了成绩不仅是个人的努力，和整个集体也有很大的关系。情商高的人在任何时候，都不会忘记别人对自己的帮助，尤其在取得成功时。懂得感谢别人给予我们的帮助，才能赢得别人的好感，也才是客观的。毕竟，如果让我们自己去做事，一点都不借助团队的力量，我们就很难做得那么好。

李奇在公司的业绩一直非常好，而且他的人缘也非常好，和同事都能融洽相处。新来的员工小秦对他很是羡慕，也想成为他那样的人，于是就向他请教经验。

李奇告诉小秦："我之所以能有这么好的业绩，不是因为我的能力有多么好。虽然我的能力也不差，不过和别人相比也并不是多么突出。我比别人做得好，最重要的一点是我和同事们的关系好，在我找同事办事时，大家都比较热心，也不会遇到什么阻力。"

小秦奇怪道："大家都是这样工作，也不见你用了什么特别的方法，为什么你和大家的关系就那么好呢？你看我现在，大家跟我说话都是爱搭不理的样子。"

李奇拍拍他的肩膀，安慰道："你刚来，慢慢来嘛！我可以把我的方法告诉你，你不妨试试。"

小秦连忙点头。

李奇说："我的方法其实很简单，就是在取得成绩时，总不忘提及那些帮助过我的同事。这样一来，当我取得了成绩，所有帮助过我的人都跟着脸上有光。长此以往，大家都愿意帮助我，因为即便他们自己的业绩一般，如果我的业绩好了，我在公司里被表扬了，他们也能跟着显露自己。我在得意时不会忘记他们，他们也就知道我是一个懂得感恩的人，所以从心理上讲也愿意帮我。"

小秦恍然大悟，更佩服李奇了。

得意时不忘形，时刻想着别人对自己的帮助，要感谢所有帮助过自己的人，不把功劳独揽在自己身上，这样才能赢得别人的好感和认同。例子中的李奇正是因为明白这一点，所以不但能够得到别人的认可，还能在工作中更加顺利。

没有人喜欢别人趾高气扬的样子，情商高的人在得意时，说话会更加小心，更要想着别人，保持谦逊。沟通中如果不注意这一点，就会在不知不觉中得罪很多人，一定要谨记得意时也要照顾他人的感受。

情商高的人总是简单地表达

在沟通时，情商高的人总是会简单地表达出自己的意思，因为这样做的效果会更好。当我们长篇大论、喋喋不休时，别人可能会感到很不耐烦，甚至昏昏欲睡。即便别人有耐心听我们把话说完，也会因为我们说得太多而抓不住重点，使沟通的效果大减。

沟通是需要技巧的，情商高的人能够对复杂的事情归纳总结，然后长话短说，抓住重点；情商低的人则思维混乱，本来很简单的事情，他说了半天都没说清楚，让别人听得晕头转向。如果平时留心，就能发现那些能够简单地表达自己想法的人，一般都有比较高的情商和丰富的知识与阅历，能够精准概括自己的观点。因此，我们要在平时就提高自己的情商，并增加自己的知识和阅历，提高自己的概括能力，努力把复杂的问题用简单的语言表述出来。

尽管要做到简单表达并不容易，但当我们能够简单表达时，我们所展现出来的情商将会更高。在别人的眼中，我们会更加睿智，因为我们总是能把握住问题的关键，一针见血地说到点上。

情商高并能够简单地表达，不但是一种能力，而且是一种智慧。

林肯的沟通能力非常强。有一次在演讲时，有人给林肯递过来一张纸条。林肯接过纸条看了一眼，只见上面只写着"笨蛋"一词，没有其他内容。如果换了别人，可能会生气，可能会说很多话解释自己并不是笨蛋，或者花费一些时间来批评这种行为。但是林肯并没有那么做，他只是轻描淡写地说："我收到过很多匿名信，这些匿名信都是只写内容，从来都看不到署名。今天这位先生真的很特别，他只写上了自己的名字，却忘了写内容。"听众听到这里，哈哈大笑，这件事就这么过去了。

林肯显然情商非常高，他用简单的话语，表达出了自己不是笨蛋的意思，并用轻松的态度和绅士的风度，衬托出递纸条的人的粗俗、无礼。正因为林肯情商高，能简单表达自己的想法，才能起到这样的效果。假设林肯没有那么高的情商，为此事说了很多，就会让人觉得小题大做，也会显得没有风度。可见，简单地表达在关键时候非常有用。

在1936年10月的上海各界公祭鲁迅先生的大会上，著名新闻记者、出版家邹韬奋先生做了一个非常简短，却让人难以忘怀的演讲。他说："今天天色不早，我愿用一句话来纪念先生：许多人是不战而屈，鲁迅先生是战而不屈。"

情商高就是不一样，简简单单的一句话，却如同惊雷响在人们的耳畔。鲁迅先生的品格被邹韬奋用一句话概括了出来，这样的表达效果，比别人说一百句话都要好。而他的这个演讲，也成了演讲中的经典案例，被很多人学习。

高情商的人在沟通中，能用简单的表达突出重点，让对方一下子理解自己的意思。同时，这也体现了说话者的智慧。当我们用简单的话语来表达时，自然就会有震撼人心的力量。因为冗长的句子很难让人共情，而简短的话语则掷地有声。

古龙非常喜欢在自己的小说中使用短句子，所以古龙的小说读起来非常有气势。语言和文字是类似的，简短的话语更能让人着迷。的确，情商高的人总是懂得用简单的话语，去打造超乎寻常的吸引力。

第五章　情商高应该利用非语言沟通方法

情商高的人在沟通中，除语言沟通外，还会利用很多非语言的沟通方法。非语言的沟通在沟通中起着至关重要的作用，要想做好沟通，就不能只会用语言交流，还要学会用语言之外的方法交流。

情商高的人会利用身体语言传达信息

情商高的人会利用很多非语言的沟通方法，身体语言就是其中的一种。

身体语言简称体语，是指非词语性的身体符号，它包括了目光与面部表情、身体动作与触摸、姿势与外貌、身体间的空间距离等。

信息 =7%的语言 +38%的声音 +55%的肢体动作。可见，身体语言在沟通中所占的比重相当大。美国心理学家艾德华·霍尔说："无声语言所显示的意义，要比有声语言多得多。"

身体语言无法像说话一样直接让人听懂，它更像加密之后的语言，需要对方明白它的密码，才能将它破解。因此，懂得了身体语言的密码，才能让我们在沟通时获得更多的信息。

那么如何掌握身体语言的密码呢？我们需要知道不同的身体语言代表什么意思。

点头

点头说明对方认同你说的话，或者对你说的话表示理解。如果你遇到一个经常点头配合你的倾听者，你会发现那种感觉真的很不错。

摇头

摇头一般是没听懂、不同意的意思，总之就是表示否定。如果你的话还没说完，对方就把头摇得像个拨浪鼓，那你就要听听他有什么不同见解了。

垂头

在沟通中低着头的人通常很内向，不会随便向别人袒露心声。在与其沟通时，应该注意要有耐心，认真询问对方的想法，避免理解错误。内向的人一般工作认真、踏实肯干，没有太多杂事，不会找借口。

扬眉

看到自己喜欢的东西，听到自己感兴趣的事，人们可能会下意识地轻扬眉毛。如果在沟通时看到对方扬起眉毛，说明他对你很有好感，或者对所谈的内容非常感兴趣。

立正站立

当一名男士在你面前立正站立，说明他对你比较尊重，对这次的谈话也很重视，甚至还有点轻微的紧张。

身体前倾

在沟通时身体前倾,是注意倾听的表现。当对方做出这样的动作时,说明他对你的话很感兴趣,愿意听得更清楚一些。

随便坐

当人们随随便便坐在椅子上,身体后仰靠住椅背,甚至恨不得躺下,说明他们对当前的沟通不太感兴趣,觉得无聊,不重视。

眯眼

眯着眼睛通常表示对方并不欣赏你的表现,不同意你的观点,或者有些生气,也可能是对你感到厌恶,甚至鄙夷和蔑视。当对方做出这个动作,你就该好好想想,到底是哪里出了问题,然后及时调整。

面部表情

当一个人一脸期待时,说明他很高兴和你沟通;当一个人摆出一副冷漠面孔时,则说明他对和你沟通这件事有些反感。

四处张望

这种行为说明他对很多事物都感兴趣,在社交上显得比较主动,而且能够顺应外界的变化。这样的人往往对事物有自己的看法,喜恶感也摆在明面上。

打哈欠

有些不会表达的人,在沟通时会让倾听者昏昏欲睡,打哈欠就是最明显的信号。当你发现对方打哈欠时,就应该试着调整一下说话的内容,加快节奏,多上干货了。

轻咬嘴唇

轻咬嘴唇的动作一般出现在女性身上，男性也有可能会这样做，不过概率比较小。这种动作往往是心情紧张时的下意识动作。如果发现沟通对象轻咬嘴唇，可以适当放慢节奏，保持微笑，缓解对方的紧张情绪。

整理衣着

假如对方在你面前整理衣服，说明他很在意自己在你心目中的形象，比如整理领带、查看衣领等。但如果对方一直摆弄衣服，或者暗暗捏着衣服上的扣子把玩不停，说明他心情比较紧张。

乱摸

一个人在紧张时，可能会下意识地摸脸、摸耳朵、摸嘴唇以及摸下巴等，这是在掩饰内心的紧张情绪。当人紧张时，嘴唇和脸下方的肌肤敏感度就会成倍提升，所以人们会忍不住去轻轻触摸。

双手环抱

这个动作表现出一种很自我的态度，同时显得比较冷漠，他可能对你所讲的事情不以为然，或者有自己独特的见解。

手托下巴

用一只手托着下巴一般是疑惑的表现，对方需要对你的话认真思考。这时候，你应该放慢语速，并询问对方是不是有什么问题。

耸肩

这是一种无所谓的表现。做这种动作的人，通常对事物没有严格的要求，为人比较随和，待人友好而热诚。他们追求和谐的生活环境和工作环境，所以与他们交流会是一件很愉快的事。

情商高的人会保持良好的形象

良好的形象对沟通非常有利，情商高的人会特别注意保持良好的形象。想象一下，当我们遇到一个穿着打扮干净利落，看起来很精神的人时，我们会有什么样的感觉？没错，我们肯定愿意和他交流沟通。相反，当我们看到一个穿衣很随便，甚至看起来邋里邋遢的人时，我们会下意识地想离他远一点，根本不会产生和他交流沟通的想法。

形象对沟通的影响是产生于无形之中的，即便你是个不修边幅的人，也应该让自己保持一个良好的形象。如果你是一位情商高的女士，你不必打扮得花枝招展，也不必穿一身名牌服饰，但穿着一定要整洁大方；如果你是一位情商高的男士，你不必每天都西装革履，但一定要干净利落，让人一看到你就想与你交流。

小楚被公司安排去和客户谈生意，本来准备好了要出发，结果临时有一个特别急的任务。不过好在任务量不大，小楚看了时间，觉得如果速度快一点，应该来得及。于是，小楚决定先把这个任务处理了，再去见客户。

等小楚急急忙忙把任务做完，一看时间，快要来不及了。他来不及换掉工作服，直接就往客户那边赶，终于没有迟到。不过，客户看见小楚这副打扮，没有和他细谈的兴趣，对他表现出很不信任的样子。结果，这次的谈话没有取得什么成果。

小楚没能谈成生意，也意识到问题可能出在自己的形象上，于是他决定想办法挽回结果。第二天，小楚穿上正装，再次去拜访客户。客户听说他来访，很不耐烦，不打算见他。但是小楚坚持要当面和客户解释一下昨天的事，最终见到了客户。客户一看小楚，顿时眼前一亮，说道："小伙子挺帅的嘛，和昨天判若两人啊！"小楚连忙解释昨天是因为时间太急了，没来得及换衣服，并不是不重视这次生意。

经过小楚的一番努力，这次的生意终于谈成了。

形象不但影响别人对我们的看法，也能让对方感知你的态度。例子中的小楚第一次和客户谈话时，因为来不及换衣服，让客户以为他对这次谈话一点都不重视，所以根本不想和他沟通。当小楚换上正装和客户谈话时，效果便明显不同了。客户感到小楚对这次谈话有充分的重视，也就开始用心和他交流，最终使双方的生意谈成了。

在利用非语言沟通方法进行沟通时，情商高的人一定会特别注意自己的形象。而要让我们的形象变得更好，最主要的就是从穿衣打扮上入手。

穿衣时应该注意以下五点：

1. 选择合适的尺码

衣服太大、太小、太肥、太瘦，都将严重影响整体和谐。

2. 选择适合自己肤色的颜色

假如你的皮肤白皙，可以选择的颜色范围会比较广，浅色衣服更能凸显你的优势。假如你的皮肤略黑,尽量不要穿颜色太亮的衣服,如白色、深红色等,否则会使皮肤的颜色看起来更黑。

3. 选择适合年龄的颜色

如果你是年轻人,就应该选活泼一点儿的浅色调;如果你是中年人,应该选择沉稳一点儿的深色调。

4. 选择符合自身风格的服饰

假如你做事雷厉风行,精明干练,正装西装、立领西装都是不错的选择;假如你属于脾气随和,随遇而安的性格,不妨试试休闲西装;假如你做事果决,又不喜欢有太多束缚,可以穿皮衣、夹克等。

5. 不要穿质量太差的衣服

质量太差的衣服存在面料太次、容易起球等问题,会给你的形象减分,应该避免穿这类衣服出现在正式场合。

在穿衣方面,情商高的人最应该注意的是保持自己的服饰风格,让它适合我们的年龄和性格。假如你是个年轻人,不要让服饰太拘谨,显得老气横秋;假如你是个中年人,不要让服饰太新奇,显得不成熟。另外,情商高的人在任何时候都不会忽略环境的因素,要让服饰符合环境的要求。因为如果服装的风格与周围的环境格格不入,就会显得很另类,那就很尴尬了。假如你对自己的审美不是特别有信心,不如叫上朋友帮你出出主意。

很多人是含蓄内敛的,也正因如此,大家往往对打扮自己并不怎么上心,特别是男士,更习惯于不修边幅,认为打扮是女士才做的。其实,打扮并不是只有化妆,发型设计、服饰搭配等都包含在其中。情商高的女士和男士，都会花时间精心打扮一下自己，这样能营造出一个更好的形象，在沟通中变得更加顺利。

情商高的人会用点头说"YES"

点头"YES"摇头"NO"。我们都知道点头是同意对方的意思，而在非语言沟通中，点头有着非常重要的作用。

沟通不仅考验我们"说"的能力，也考验我们"听"的能力。虽然都是在听，但情商高的人会积极做出反应，而情商低的人则表现得比较麻木，这就会给说话的人带来不同的影响。点头，正是积极回应说话者的一种方式，能够让说话者谈兴更浓，对沟通十分有利。

某公司需要吸纳年轻的人才，于是安排了很多面试活动。甲、乙两个不同的面试官，在面试时都很少说话，而且面试所用的时间都差不多是半小时。结果甲面试官发现了不少有想法的年轻人，给公司找到了很多有潜力的新员工。而乙面试官则没有发现什么人才，觉得这些人都没什么特别的想法，太普通了，根本没有年轻人的朝气和活力，思维僵化。

同样都是年轻人，怎么可能甲面试官那里就遇到了很多不错的人，乙面试官这里就都是没能力、没想法的人呢？领导很费解，于是决定把在乙面试官那里面试的年轻人又找来，大家一起来看看这批年轻人的素质如何。

在这次面试的时候，领导在旁边看着，由甲、乙两名面试官同时面试。结果发现，尽管甲、乙两人都很少说话，都让年轻人来谈他们的想法，但甲面试官在听的过程中经常点头示意，而乙面试官则没有点头的习惯。于是，来面试的人大多数都是主动和甲面试官交谈，把乙面试官晾在一旁。最终，甲面试官从这批年轻人里，又发现了不少有想法的人才。

领导将整个过程看在眼里，等面试结束后找到甲、乙两人谈话，并说出了乙面试官找不到人才的原因。这个原因就是乙面试官不会点头示意，让面试者在他面前失去了谈话的兴趣，最终使沟通毫无效果。

当讲话者遇到毫无反应的倾听者，他一定不愿意继续讲下去了，往往都是匆匆结束谈话，或者说些无关紧要的话题。例子中的乙面试官，正是因为情商低，不懂得用点头来鼓励面试人员，所以他所面试的人，都在他表现出来的冰冷面前冻结了想象力，自然也就表现得不好。而甲面试官情商很高，总是用点头来鼓励面试的人继续，面试的人就能高兴地谈论自己的想法，尽展自己的才华。

曾有相关研究表明，当倾听说话的人经常在合适的时间向讲话者点头时，讲话者的谈兴就会更加浓厚，并且会对倾听者产生好感。当倾听者经常点头时，讲话者的谈兴大约是普通情况下的三四倍。

在点头的过程中，点头的幅度、速度和频率不同，都能传递给对方不同的意思。点头的幅度太大，甚至有些夸张，对方会觉得你超级认同他的观点，甚至会说出他早就想说却又不知道该怎么说的心声。点头的速度缓慢，对方会觉得你正在思考他的话，认为他的话对你很有吸引力。点头的频率不宜太高也不宜太低，否则都会让人觉得不太舒服，频率以适中为好。

无论是谁，当看到别人对自己的话做出反应，点头同意自己的观点时，一定都会觉得很高兴，有一种遇到了知音的感觉。人同此心，心同此理。因此，当我们倾听别人的讲话时，一定要适时点头表示同意，这样才能让对方侃侃而谈，使得沟通轻松愉快。

不过，点头的幅度、速度及频率等都要好好把握，只有合适了才能起到最好的作用，如果不合适，反而会招致反感。为此，点头的幅度和速度都以适中为宜，频率则要看对方说话的内容而定。在对方说话的关键点上点头，是最好的选择。

无论怎么说，在沟通中点头都比不点头要好。我们首先要有点头认可对方的意识，再注意点头的时机和方式，就能把点头这个身体语言运用自如了。

情商高的人能让手势发挥巨大作用

在沟通中，手势是身体语言的一个重要组成部分。当我们看到一位领导、一名演讲者或一位教授，在声情并茂地说着什么时，他们往往会把手势和自己的语言结合起来，增强感染力。实际上，一个高情商的沟通高手，从来都不会忘记使用手势。

在沟通中，情商高的人总是能够合理利用手势，让自己的话更有说服力。相反，如果情商不够高，手势使用得不合理，就会给沟通带来负面影响。

小郭在和客户谈话的过程中，手一直都没有闲着，一会儿掰掰手指，一会儿捏捏耳朵，一会儿又轻轻敲打桌子，要不就是摸摸这里摸摸那里。客户本来说得好好的，结果看到他这个样子，以为他心不在焉，对这次谈话根本没兴趣，于是起身离去。小郭很奇怪，不知道客户这是怎么了。

小郭的同事小刘见状赶紧追了出去，并向客户解释说小郭有多动症，希望客户谅解。经过小刘的一番劝说，客户才答应回来继续谈。小刘向经理请示了一下，让小郭去干别的事情，接替了小郭的位置。

在接下来的谈话中，小刘有时双手交叉互握，做出认真倾听的样子；有时伸手做出请的姿势，请对方说出自己的想法；有时比出"OK"的手势，表示自己听懂了或没问题。一轮交谈下来，双方都感到很满意，最后生意也谈成了。

在沟通中，合理使用手势非常重要。小郭情商低，不但不懂得正确使用手势，还到处乱摸，给客户留下不好的印象，影响了沟通的正常进行。小刘则情商很高，懂得合理利用手势，使沟通进行得十分顺畅。

为了能够在沟通中正确使用手势，我们必须要知道不同的手势代表什么意思。

1. 双手交叉互握

这个手势能让你的手安静下来，对方就会知道你正在用心听他讲话。

当你想表现出认真倾听的样子，可以把手交叉互握，然后平放在桌子上或者腿上。

2. 做出请的动作

当由对方决定或由对方阐述自己的观点时，我们可以做一个请的手势。这样不但显得我们很绅士，而且能够增加双方的互动，让气氛更加和谐融洽。

3. 比出"OK"的手势

当我们同意对方的观点，或者明白了对方的想法，又或者想表达我这里没问题等意思时，我们可以比出"OK"的手势。这个手势显得比较俏皮，在私下沟通时可以使用，在会议等大的场合要慎重选择。

4. 招手

当我们站在台上，和很多人沟通时，为了让更多的人看到，增强影响力，我们可以把手臂举过头顶，做招手的动作。如果在招手时，再配合上微笑示意，能起到更好的作用，可以感染很多人。

5. 手心向下，伸出手去

这样的动作是阻止别人的话。当我们觉得对方说得不对，或者我们有不同意见时，可以用这个手势来示意对方：停一下，我有话要说。不过，一般情况下打断别人的讲话是不礼貌的行为，非必要最好不要做这个手势。

6. 伸出一根手指

当我们分条表达自己的观点，或者举例子说明时，可以伸出一根手指来引起对方的注意。但要注意，不要拿手指指人，这是很不礼貌的行为，也会令人产生反感的情绪，对沟通很不利。

知道了各种手势代表的意思后，我们还要知道一些使用手势的注意事项和使用原则，这样才能真正把手势用好。

1. 手势要和身体、语言、情感相协调

虽然手势主要是手部的动作，但绝不仅是手部的动作，它需要整个身体协同运动，才能使动作美观大方，让人赏心悦目。

2. 手势要精到

手势说到底只是为辅助语言表达而使用的，在使用时一定要做到简单明了，不要让听者把注意力都集中到你的手部动作上，反而忽略了你所表达的内容。简洁的动作让人感觉你是一个成熟干练的人，而琐碎的动作难免给人一种拖泥带水的印象。

3. 使用频率适中

在谈话时，使用的手势并不是越多越好，一定要把握好使用的频率，频率适中才是最好的。如果你的手势太多，听者可能光看你的手势就已经忙不过来了。但不用手势也不行，听者的眼睛捕捉不到有用的信息，注意力可能会分散，而且没有手势，也显得你很拘谨、不自信。

4. 自然大方

手势动作不是必须美观，但一定得自然大方。人们表达情感的方式不尽相同，使用手势的方法也有微妙差别，有的人在使用手势时中规中矩，有的人则喜欢使用略带夸张的手势来突出情感。但只要动作自然大方不做作，就能引起听者的共鸣。

了解了手势使用的原则和注意事项，也知道了各种手势的意思，我们就可以把手势合理运用到沟通中了。只要注意提高情商并合理使用手势，你一定能让手势在沟通中起到积极的作用。

高情商的人文字沟通能力也很强

文字沟通是非语言沟通中很重要的一种方式，情商高的人文字沟通能力一般也很强。在生活和工作中，有很多地方需要用到文字沟通，这就是考验我们文字沟通能力的时候。

在以前通信技术还不发达时，书信在人们的沟通中占有重要的地位。虽然现在已经是移动互联网时代，但文字沟通仍然非常重要。我们在论坛、微信、微博和网友或朋友交流时，所用的最主要方式就是文字沟通方式。如果我们的文字沟通能力不好，可能就会因为表达不清，而引起歧义，造成不必要的麻烦。

实际上，网络平台上的很多矛盾，都和文字沟通能力差有很大的关系。可能明星在微博上发布了一段措辞不当的言论，就引起网友们的不满，甚至引发粉丝之间的对立情绪。

在生活和工作中，情商高的人使用文字沟通时，会比用语言沟通更为小心，因为文字沟通一般都是在双方不见面的情况下进行。由于无法看到表情和动作等，读文字时就容易产生理解错误的情况。所以，我们必须有很高的情商和很好的表达能力，才能在文字沟通中有好的表现。

郑强开了一家淘宝店。当顾客对商品有疑问或不满意的地方,郑强都会和用户在网上打字交流。不过,顾客在和郑强沟通时,一般都不会太满意,最后还是给他打出差评。郑强在回复顾客的评论时,往往回复好几条信息,才能把事情说明白,让人感到他写的内容很啰唆。郑强觉得很奇怪,明明自己一直在用心和顾客沟通,为什么顾客就是不满意呢?

在这种情况下,郑强的这个网店生意一直都不好,郑强无奈之下,只好找一个开网店的朋友来帮忙看看问题出在了哪里。朋友看了几次他和顾客沟通的对话之后,明白了问题的所在,告诉他说:"你在和顾客沟通时,没有抓住重点,总是说很多内容,让顾客很不耐烦,所以他们的购物体验就不好,当然不会给你好评了。比如,这个用户明明是在说物流慢的问题,你给他解释一下'双十一'期间送货速度都比平时要慢一些,平时的送货速度不会这样就行了。结果你又是道歉又是希望对方耐心等待什么的,说了一大堆,顾客还是没明白是怎么回事儿,当然把责任归在你的头上,给出差评了。"郑强问:"那我应该怎么说呢?"朋友说:"顾客问问题,需要的是知道原因或者解决方法,光说道歉之类的话毫无意义,最关键的是帮顾客把问题解决了。挑重点去说,才能把文字沟通做好,没人愿意看长篇大论的文字。"

郑强听了朋友的话,明白了很多。在今后和顾客用文字沟通时,他没有多余的话,直接切入主题,果然赢得了用户的认可,店铺的生意也越做越好了。

郑强在文字沟通方面做得不好,是因为他抓不住重点,让顾客感到不耐烦。改变了这一问题后，便赢得了顾客的好感，沟通效果也变好了。

情商高的人在进行文字沟通时，一定会注意抓住重点，尽量一句都不说没用的话。因为一般人看到长长的一段文字，都不会太有兴趣。但短短的几句话，就会有比较强的阅读欲望，甚至随便扫一眼就已经读完了，整个过程轻松愉快。

除了在微信、微博等网络软件上进行文字沟通，文字沟通还有很多传统的方式，如写信等，这些方式通常需要一定的格式，不能像网络上的文字那样随便。情商高的人会掌握一些常用的格式，让自己的文字沟通正式起来。

不过不用太担心，虽然各种文字沟通的方式很多，如邀请函、感谢信、介绍信等。但实际上它们的格式并不是很难掌握。它们一般都是在信件格式的基础上演化而来，再郑重加上"邀请函""感谢信"等标题，在下方加上"此致敬礼"或"谢谢"等内容，就可以了。

因此，我们只要先掌握信件的格式，基本上其他格式都可以很快掌握。实际上，我们应用得最多的格式，也就是信件格式。比如，多数人曾经使用过的字条，用信件格式就可以了。

在生活和工作中，我们想要向某人交代一件事，恰好他又不在，我们可以给他留一张字条。这样的文字沟通方法简单实用，相信大部分人都用过。字条的格式和写信的格式类似，先在左上角写上对方的名字，可以写"某某先生"或"某某女士"，记得要加上冒号，然后就是要说的内容，最后在右下角署名，并在名字下方写上日期即可。

字条的格式比较简单，而且就算格式不那么规范，也没有人会去深究。毕竟，它只是起到一个传达信息的作用而已。不过，情商高的人都会用很标准的格式，给别人留下一个更好的印象，这样沟通效果也会更好一些。

文字沟通能力能够显示出我们的情商和文化素养，因此，我们要在平时注意培养自己的文字沟通能力，并不断提高这种能力。

情商高的人会营造更好的气氛

气氛对沟通的影响看不见摸不着，但却是真实存在的，而且这种影响的效果是巨大的。

当我们感受到轻松和谐的气氛，我们就会愿意继续沟通；当我们处在一个沉闷压抑的气氛当中，我们只想赶快离开，摆脱这种气氛，根本不会有心情做什么沟通。这个道理很好理解，想想一个和颜悦色的老板，和一个声色俱厉的老板，你更想和哪一个说话，你就能体会到了。

在沟通中，情商高的人总是善于创造出良好的气氛。当我们把握住了气氛，也就搞定了沟通。

选择一个好天气

天气会影响每个人的心情。在阴天、下雨、刮大风等恶劣的天气里，我们的心情不会太好；而在好的天气里，我们的心情会跟着好起来。为了让沟通更加顺利，情商高的人应该选择一个好的天气。

小张准备向女友求婚，为了营造浪漫的气氛，他选择了一个下雨的天气。本来以为女友会欣然答应，没想到正在他准备求婚时，一道闪电划过天空，紧接着就是一声巨大的雷鸣声。女友什么心情都没有了，对他说："我最怕打雷了，真讨厌，你怎么选了这么个时间求婚，不答应！不答应！"于是小张还没开口，就直接被拒绝了。

小张痛定思痛之后，找了个阳光明媚的天气表白。女友的心情非常好，很快就答应了他。

在好的天气里，人们的心情一般会更好，这时进行沟通，会有很好的气氛。因此，在沟通之前，先要看好天气，选一个好天气能让沟通更顺利。

选择一个好地方

沟通的地点也是影响沟通气氛的一个重要因素。

当我们处在宽敞明亮的良好环境中时，心情自然就会舒畅；当我们处在一个狭窄逼仄的恶劣环境中时，心情就不会好。因此，情商高的人会用好的环境来创造有利于沟通的氛围。

比如，可以在一间宽敞的办公室里沟通，顺便把办公室的环境布置得温馨一些。我们还可以选择在公园等环境优美的地方沟通，但要避免在环境嘈杂的地方沟通，噪声不仅会影响我们说话，还会破坏气氛。

吃东西营造好氛围

当人们悠然地吃东西时，心情会变得很好，气氛也会变得很和谐。所以很多人喜欢在饭桌上谈问题，因为饭桌上的气氛很好，对沟通非常有利。有的人会选择一边喝咖啡一边谈话，其实和吃东西是同样的道理。

当我们遇到一个不善言谈的人，我们可以请他吃一些甜点，或者请他喝一杯咖啡。这样不但能够拉近双方的心理距离，还能营造出良好的气氛，让沟通能顺利进行。

缓解紧张气氛

在沟通时，如果有人生气了，气氛就会变得紧张起来。假如你不能让这种气氛得到缓解，沟通就很难继续进行。因为即便没有人在这时拂袖而去，双方在心理上的抵触情绪也会越来越强。

那么，怎样做才能缓解气氛呢？如果对方激动地站了起来，你可以示意对方先坐下，大家冷静冷静，等一会儿再继续谈；如果对方是因为误解了你的意思而生气，你首先要说明这是个误会，然后理顺思路，把自己的意思再详细表述一遍；如果双方只是单纯的意见不合，要本着"求同存异"的理念，在一些地方先保留不同意见。

情商高的人总是善于缓解紧张的气氛，他们的秘诀就是：要沉稳，不能急躁。我们温和的态度会感染对方，最终让对方的情绪也缓和下来。假如我们自己也生气了，一定要保持冷静，先冷静一会儿再说话，切忌口无遮拦。

只要能记住一个"慢"字诀，在处理紧张情绪时尽可能做到慢慢来、温和处理，就可以应对绝大多数的紧张情况了。

利用工作之外的时间

如果是为了工作进行沟通，在公事公办的情况下，可能为了各自的利益，有些事情双方怎么都谈不拢。这时，情商高的人会利用工作之外的时间去沟通。

在工作之外的时间，气氛就会缓和很多，没有了紧张感和拘束感。这时，双方可以谈谈生活方面的事，拉近情感上的距离，等气氛融洽时，再顺便提一下工作上的事，可能问题就顺利解决了。

可能有的人主张工作和生活要分开，但实际上工作和生活本来就是相辅相成的关系，会互相影响。不将生活和工作对立起来，懂得利用工作之外的时间来创造好的沟通气氛，是情商高的人的做法，也是利用气氛做好沟通的秘诀之一。

情商高的人注意保持合理的空间距离

在沟通中，合理的空间距离非常重要。当我们和他人保持合适的距离时，就能显得既友好又不尴尬。如果我们无法保持合适的空间距离，离他人过远或过近，都会影响正常的沟通。

空间距离看似与沟通没什么关系，却在沟通中起着不容忽视的作用。因此，情商高的人会在沟通时注意保持合理的空间距离。

有心理学家进行过空间距离效应实验。

在一个开馆时间不长的图书馆里，人很少，心理学家直接走过去，在紧挨着一个人的地方坐下。在八十次相同的实验中，没有一个人能够接受心理学家的这种行为。在一个十分空旷的地方，没人愿意一个陌生人离自己太近。

那些被心理学家刻意接近的人，大多会到离心理学家远一点的地方坐下。有些人更是反应强烈，大声质问心理学家："你要做什么？"

除非在人员密集的场所，否则人们绝不会和陌生人离得太近。即便是熟人之间，也都需要保持一个合适的距离，太远或太近，都会让人觉得不自在。

通常情况下，沟通中需要保持的距离根据周围的环境及双方的关系来确定，可以分成三种不同的类型，每种类型都和双方的关系密切相关。

亲密距离

亲密距离是与人交往时的最小距离，有一个成语叫作"亲密无间"，就是对这个距离的最好诠释。具体来说，亲密距离中距离较小的，是小于15厘米的距离，向内没有限度，双方可能紧密接触，能够感受到彼此的温度和气息。距离较大的，是在15~44厘米的距离，表现为促膝交谈或是互相挽着手臂。

从外界环境来看，一般只在私底下沟通时，双方才会保持亲密距离，并且还得是两人之间的关系特别好才行。假如是在公共场合，无论双方是同性还是异性，距离这么近都让旁人难以接受。在同性之间，好哥们儿可以肩并肩，好闺密可以手挽手，大家倾心相交，没什么隔阂。双方是异性，一般只有热恋中的人或十分恩爱的夫妻才会有亲密距离这样的接触。

个人距离

个人距离比亲密距离要大一点，一般不会产生身体上的直接触碰。这个距离中距离较小的通常在 46~76 厘米的范围内，双方刚好可以友好地握手，然后畅快地交流。在这个距离进行沟通的，一般是比较熟悉的人，如果有陌生人进入这个空间距离，就会使人产生被侵犯的感觉。距离较大的为 76~122 厘米，一般和熟人谈话时距离偏向 76 厘米，和陌生人谈话时距离偏向 122 厘米。

社交距离

无论亲密距离还是个人距离，都属于生活中与人沟通时所保持的距离，不属于正式社交。在正式社交时，应该注意保持社交距离。社交距离不单体现了双方关系的亲疏，更重要的是它所展现的社交性质和礼节需要。

社交距离中距离较小的 1.2~2.1 米，通常出现在工作中或同事聚会时，人与人之间需要保持这样的距离。

小韩在和客户沟通的过程中，不注意和客户之间保持合适的距离，离客户太近了。客户感到很不适应，就往后退了一点。但是小韩在说话时，又主动往前凑了凑，好像担心客户听不清楚他的话一样。

客户对小韩这种不注意保持合适距离的行为感到很不自在，不过也没有什么办法，还是要继续谈下去，但眉头却紧锁着。小韩没有注意到客户的表现，依旧和客户保持很近的距离，有几次因为说话太动情了，居然把口水喷到了客户脸上。

客户再也忍不住了，不再和他沟通，起身离去。

小韩不注意在沟通中和他人保持合适的距离，导致社交活动中出了问题。由此也可以看出，在社交中，对距离的要求比平时更为严格，一旦距离与当时的情境不协调，就会让人生出极度不适应感。无论是多健谈的人，多会处理尴尬状况的人，面对距离无法调和的状况，也都无能为力。而情商高的人，会特别注意这一点，避免出现距离上的问题。

社交距离中较大的距离为 2.1~3.7 米，在这种距离范围内，社交更为正式。比如，大公司的高级管理者一般都用特别大的办公桌，公司开会也是又大又长的桌子，这都是为了保持一个比较远的距离。

对空间距离引起重视，在沟通中努力保持合理的空间距离，我们就能向高情商的沟通迈进一大步。

第六章 高情商沟通的实用技巧

高情商的沟通需要用到很多技巧，无论是听、说，还是看、问、答，都存在各自的独特技巧。高情商的人正是因为掌握了这些技巧，所以才总能在沟通中做得非常好。

听：学会倾听是高情商沟通的前提

要做高情商的沟通，首先就要掌握倾听的技巧。如果我们不会倾听，就不能知道别人心里在想什么，也就不知道该说什么才能起到好的作用。可以说，学会倾听，是做好高情商沟通的前提。

虽然我们都长着耳朵，但并不是每个人都会倾听。情商高的人不仅要听到内容，还要一边听一边分析，抓住对方想要表达的核心意思。

要听什么

倾听不是"只要听就行了"，高情商的人会用心去听，抓住话语中那些关键的"点"。比如，这句话能表现出说话者什么样的情感、人生观和价值观，又或者能听出他有什么样的情绪。就像在学校上语文课时，需要总结课文每一段的中心思想那样，必须把握住话语中表达出的东西。我们要主动地听，而不是被动地听。

倾听要边听边想，耳朵和头脑并用。我们常说做事要"走心"，倾听应该是两种思想的碰撞，所以是一件应该"走心"的事。

那么，在倾听时具体应该听些什么呢？具体如下。

第一，听说话者的情绪、态度。以此来判断他到底是认真的还是开玩笑，究竟是一时的气话还是深思熟虑后的决定。

第二，整体把握说话者所说的内容，这样就能避免理解错误或走弯路。

第三，排除干扰，主动筛选，了解说话者想要表达的到底是什么。当说话者废话连篇时，就是考验你筛选能力的时刻。

第四，边听边分析，透过现象看到本质。最强的倾听能力，说到底不过是见微知著的分析能力。

知道了听别人说话时要听什么，才能把握住关键的内容，为进行高情商的沟通打下基础。

三个"听懂"

情商高的人在倾听时要做到三个"听懂"，具体如下。

1.听懂别人说出的话

说话难，听懂别人说的话其实也很难。每个人所处的行业不同，接触的东西不同，所说的内容也有很大差别。即便是同一个行业，在一个公司里的同事和领导，因为性格、个人经历和文化程度等的差异，说话的方式也不同。因此，面对形形色色的沟通对象，听懂别人的话就是有效倾听的第一个关键部分。

2. 听懂别人没说出的话

有些话可能没有明明白白地说出来，也不好说出来，关键是揣摩其言下之意，这就是人们常说的"只可意会不可言传"。这比第一条要难得多，理解错了、想太多了都不行。

3. 听懂别人的心声

要想达到倾听的最高境界，只做到听懂别人的言外之意是不够的，还要听懂别人的心声。俗话说："开言知肺腑，开口见精神。"从别人的话分析出别人心中所想，知道别人有怎样的期待值，这才是高手。

另外，听懂别人的心声，实际上不仅是通过对方说的话，他平时的一举一动也可以成为分析理解的要点。

做到了上述三个"听懂"，就能很好地理解对方的意思，揣摩出对方的心思了。

倾听的禁忌

倾听很重要，沟通中要注意倾听的细节。情商高的人在倾听时，还应该避免做一些不该做的事，具体如下。

1. 忌气氛紧张

沟通必须有充足的时间，才能给思考留下余地。在倾听时，如果在倾听时表现得非常急切，就会产生紧张的气氛，给讲述者带来压力，不利于沟通的正常进行。

2. 忌外界干扰

沟通时需要安静的环境，不要选择在人声嘈杂的地方倾听别人的讲话。最好关掉手机，不要让外界干扰到你们。

3. 忌心不在焉

倾听不是被动接受，而是一种主动探寻，通过别人说的话，获取各种信息。在倾听时，不要顾左右而言他，不要做无关的小动作。

4. 忌只听不应

即便你在倾听时表现得很专注，但如果只是听，从不回应，也会让人产生不满。我们不可能在听了别人的话之后，什么想法都没有。

5. 忌先入为主

别人讲述时，一般是站在自己的立场上来讲，因此，不要先入为主地下结论，认为对方说得不对，如果站在他的立场上想一想，也许感觉就完全不同了。

6. 忌情绪失控

我们可以在自己的生活和工作中做个性情中人，但不能在与人沟通时不知收敛。情绪失控是沟通的头号大敌，也是倾听者最需要避免的问题。

7. 忌急着提建议

有的人不那么爱下判断，却很乐于给别人提建议，在生活中会把各种自己认为好的东西、好的行为、好的想法推荐给别人，于是在倾听时，还没听多少，就开始给对方提建议。这种做法是很不合适的，因为适合我们自己的东西，不一定适合别人。

8. 忌打断对方的话

在听别人讲话时打断别人的话，是很不礼貌的行为，人们基本明白这一点，但有时在倾听中却把这最简单的道理忘记了。

在沟通时，如果触碰了沟通的禁忌，会给沟通带来不利影响。情商高的人应该注意不去触碰这些禁忌，这样就尽可能营造出一个更好的沟通环境，使沟通顺利进行。

明白了要听什么，听的时候也能听懂别人真正想要表达的意思，还要注意不去触碰倾听的禁忌，我们就能成为一个高情商的倾听高手了。

说：情商高的人都特别会说话

在沟通当中，说是必不可少的环节。

情商低的人说话，刚说了几句，别人就感觉不耐烦，而情商高的人说话，别人听完了还意犹未尽。同样是说话，为什么情商高的人就能让人听得如痴如醉、欲罢不能？关键在于他们懂得说话的技巧。

把握语速

语言的魅力在于不仅说的不同内容能表达出不一样的意思，语气、语调，甚至连语速也能使同样内容的意思产生巨大的变化。在与人沟通时，使用恰当的语速十分重要，同样的话用不同的语速说出来，给人的感觉有很大的差别。

说话的速度太慢，让人感觉慢吞吞的，为说话的人着急；说话的速度太快，让人感觉如急促的鼓点，则听得人跟着急躁起来。在和他人沟通的时候，只有说话的速度适中了，才能让听话的人如沐春风。

要在控制语速方面成为一个专家，需要知道和什么人沟通用什么语速。一般和年轻人说话，语速可以适当加快，和老年人或者小孩说话，语速应当适当放慢。假如对方注意力不集中，可以加快语速，让他必须集中精力才能跟上你的节奏。时刻牢记一点，我们的目标不是单纯把握语速快慢，而是要让对方更好地理解，进行有效的沟通。

掌控节奏

沟通就像做音乐一样，除速度外，节奏也非常重要。两个说话速度相似的人，如果不注意把握说话的节奏，也会产生尴尬的局面。比如，两个人说话的时候同时张口，虽然会互相谦让说"你先说"，但若多次出现这样的情况，可能会让人尴尬得转身想走了。不注意掌握节奏，还有可能经常出现双方都不知道该说什么好，同时闭口不言的冷场状况，这时候就会感觉"迷之尴尬"。假如这样的事发生了好几次，这次沟通就很难让人感觉愉快了。

因此，在把握对方语速的同时，必须注意对方说话的节奏，努力跟他的节奏搭配起来，就像人们找对象一样，般配的才是最好的，甚至沉默都不会觉得尴尬。

条理清晰

说话的内容重要，逻辑也重要。逻辑性差的人，说出的话就像一团乱麻，剪不断理还乱，让人听得云里雾里、晕头转向。逻辑性强的人，说出的话层次清楚、条理鲜明，让人听后清晰明了，一点儿都不觉得累。

那么，怎样才能让自己说的话有层次、有条理呢？我们需要在平时注意培养语言的逻辑性。

1. 说话时注意次序

就像写小说有人物、时间、地点、起因、经过、结果等要素一样，说话也要注意各种因素，然后按照时间顺序、地点不同或者发展不同等来说，自然会显得结构分明。

给所说的内容分类，然后用不同的线串联起来，就像用绳子将珍珠串起来那样。经常这样归纳，说话就变得更有条理了。

2. 学会总结

没人喜欢听长篇大论，所以很多文章或报道都要有一个几十字以内的总结。

在说话之前，先想想怎样用最简单的话把要说的内容概括出来，越短越好。当你学会压缩自己的话、精简表达时，你的话就不再惹人厌烦。

3. 运用序号

有些类似条款类的内容，无法用一两句话简单概括，这时你需要用到"首先""其次""再次""最后"，或者"第一""第二""第三"，或者"1""2""3"。用上序号，清晰明了，别人一听就明白。

4. 注意使用比喻、类比等修辞手法

说话没有层次感，条理太混乱，很多时候是因为太啰唆。太啰唆则大多是因为要说明的内容不易理解，这时候就要运用比喻、类比等方法，让你的话简明易懂。

值得注意的是，即便你说话的层次感很强，条理性很清楚，但在任何时候，都不要滔滔不绝地说个不停，否则即便说的是"金玉良言"，别人也会认为你只是在"夸夸其谈"。

多多赞美

沟通的前提是关系和谐，为了达到和谐，就得会说好听的话，学会赞美。

赞美可以分成两类，语言类的赞美和非语言类的赞美。语言类的赞美就是说话称赞，非语言类的赞美包括点头微笑、眼神鼓励、鼓掌加油等。

赞美别人时需要注意以下两点：

第一，从好的、大家都认同的方面去赞美。比如，赞美对方性格活泼开朗、外貌出众、高风亮节、处事得体等。

第二，真诚自然。

可能有人不知道怎样才能做到真诚自然，其实很简单，你只需要说自己真正了解的内容，不要不懂装懂，就能做得差不多了。比如去朋友家拜访，朋友亲自下厨给你做了一顿饭。如果你还没吃，就一个劲儿夸朋友的手艺好，这显然不能让人信服。等你吃过之后，说他做的菜稍微有点咸，但还是很不错，比你做的强多了，这就是真诚的赞美，言之有物，使人信服。

70%的创意是被冷语抹杀的，赞美能极大地鼓励人，通过"蝴蝶效应"放大之后，它可能就是沟通成功的关键。

看：情商高的人都有见微知著的慧眼

沟通不仅是语言，它包含了丰富的非语言的方式。情商高的人在沟通时，不但要会听，还要会看。要知道，对方的心思都在细节中展露无遗。

看破脸上的密码

一个人内心的想法通常都会在他的脸上显露出来，当我们知道了他脸上的密码后，就能通过对方脸上的表情读到更多信息。

第一，当对方突然把眼睛睁得大大的，说明他感到非常惊讶；而当对方不停地眨眼睛时，说明他可能是在思考问题。

第二，当对方露出了笑容，但只是嘴在笑，眼睛上看不出任何笑意，眼角的笑纹也没有出现，说明对方只是在礼貌地微笑，并不是出自真心。

第三，如果你发现对方表现得很惊讶，而且惊讶的表情在他脸上停留了很久，那么对方的惊讶可能是装出来的。因为通常在我们感到惊讶时，惊讶的表情在脸上只会停留一秒的时间。

第四，在说话的过程中，假如对方一只眼睛眯起来，嘴角不经意地上扬，说明他对你现在所说的内容不以为然。这时，你应该考虑是不是要换个其他话题。

第五，对方的眉毛蹙了起来，说明他此时有些忧虑，这时应该给予他安慰，以确保沟通正常进行。

人脸上的表情非常丰富，除这些密码外，我们在平时注意留心，也能发现很多不易察觉的表情，并能从中得到不少的信息。这些都可以让我们对沟通对象的真实想法有更多了解，对我们做好沟通会有很大的帮助。

通过穿衣打扮判断性格

当我们和一个人见第一面时，最先看的就是他的穿衣打扮。可能我们平时没有细想过，穿衣打扮里所包含的信息也很重要，传递着很多重要的信息，如一个人的性格、喜好等。

一个情商高且善于沟通的人，一定会注意对方的穿衣打扮，从中获得很多重要的信息，并且让这些信息为接下来的沟通提供帮助。这也就是为什么很多情商高的人在见到一个陌生人时，就知道该怎样去和他沟通。

为了从穿衣打扮判断出一个人的众多信息，我们需要知道不同穿衣打扮所代表的含义。

第一，穿衣随便的人一般更追求效率和实际，他们不修边幅，只想着怎样才能把事情做得更好。这一点，从他们穿衣只追求舒适、不注重外表就能看出来。与这样的人沟通，一定要提高效率，有什么事情直接表达，拐弯抹角地说话会引起对方的反感。

第二，穿衣很讲究，或者女性佩戴很漂亮的首饰等。这类人对外表比较看重，平时也是很好面子的人。我们在和他们沟通时，要注意给他们足够的面子，这样沟通就会更顺利。

第三，穿衣打扮很干净、整齐，却不显得很华贵。这样的人一般很有素养，而且也比较务实，和他们沟通时要注意有诚恳的态度，这样能给沟通加分不少。

第四，穿着很朴素，看起来像是很有文化素养的人。这样的人一般更注重内心世界，对表面的东西要求不高，素养一般也很高。和他们沟通时，不要显得急功近利，要多聊一些能使他们产生共鸣的内容。

穿衣打扮中能够透露出来的内容有很多，情商高的人善于观察和总结经验，可以在看到对方的第一眼开始，就从他的穿着上了解到很多信息。这样一来，即便双方还没开口沟通，情商高的人就已经做到知己知彼了，接下来的沟通就容易了许多。

通过肢体语言来判断

前面已经说过，在非语言沟通中，肢体语言是很重要的一个部分。因此，在沟通中，情商高的人应该注意看对方的肢体语言，从中得到有价值的信息，方便对接下来的沟通做出判断。

关于各种肢体语言所代表的含义，在前面已经介绍过，这里就不再赘述。不过需要注意的是，我们在沟通时，一定要对肢体语言有充分的重视，注重观察对方的肢体语言，我们就能发现很多信息。人们很有可能有意识地说一些谎话，用来掩饰内心的想法，但是肢体语言却往往不会撒谎。因此，当我们注意去看对方的肢体语言时，就更能把握对方的真实想法，不会被他的言语轻易欺骗。

问：情商高的人能用提问打破僵局

沟通时"听"需要技巧，"说"也需要技巧，不过这还不算什么，最难的其实是"问"。

人们一般不太喜欢被别人提问，所以即便是很优秀的记者，也不敢说自己提出的问题不会招致别人的反感。很多人没学过专业知识，要想把问题问好，问到别人很愿意答，就更要在"问"这件事上下足功夫。

问到点子上

在沟通时，情商高的人能进行有效提问，提出切中要害、一针见血的问题，把话问到对方心坎上，从而发现对方的内心需求。要想达到这样的效果，首先需要有敏锐的洞察力，根据对方的表现和言语，对他的情况洞若观火。你提出的问题越精确越好，像精确制导的导弹，直接打在问题的节点上。

在工作和生活中,大多数时候,人们对内心的问题并不是完全觉察不出,而是虽然觉察到了,却有点儿模糊,不能真正看清,这就是产生烦恼的原因。情商高的人在沟通时的提问,就是要引导对方去进一步思考这些问题,把本来模糊的概念清晰化。通过提问,问到问题的关键点上,就引导对方将问题弄清楚了,于是,解决的办法也就好找了。

掌握提问的方法

要想在沟通中把提问这个环节做好,就必须掌握正确的提问方法,这样才能不让对方感到厌烦,又能得到自己想要的答案,具体方法如下。

1. 在合适的时间提问

提问应该在沟通时自然而然地穿插进去,是沟通中的一个小插曲,短暂停顿,就像一句话中的标点符号。回答问题之后,就可以继续刚才的内容,对沟通没有太多影响。有些时候,提问甚至可以起到特别积极的作用,推动谈话的发展,让沟通进入情绪高涨的高潮阶段。

2. 提问前先做铺垫

在说出问题之前,先做个铺垫是很有必要的,这样可以使气氛更加缓和,对方也更容易理解你所提问题的真正含义。我们提问题的目的是获取对方的信息,而不是争论或者其他,先说一下前提,对方就明白你为什么这样发问,更能体会你的感受,不会因此产生抵触情绪。

3. 语言要表现出善意

提问主要是想听听对方的看法,因此在言语间要让对方感受到你的善意,让他明白你是在探寻而非质问。当对方发现你对他是善意的,就会主动向你诉说。

4. 不要着急

在提问时一定不要催促对方，如果你希望对方认真回答你的问题，就要牢记这一条。谁都不可能张口就回答出一个问题，肯定要先想一想，如果问题比较深，想的时间就更长。应该静静等待对方的答复，而不是急着催促。

掌握了提问的方法，把握住正确的提问时机，将问题问对了，就能将沟通落到实处，解决很多问题。

不要反问对方

在提问时，反问会让对方感觉到你的问题很有攻击性，可能导致对方不想回答你的问题，甚至还会和你起冲突。因此，情商高的人应该在提问时注意不要反问对方。

小李在沟通时不注意方法，经常用反问的形式让对方感到很生气，使沟通没办法继续下去。比如，当小李的同事来请教他工作上的问题时，小李可能会反问："那么你觉得这个问题应该怎么解决呢？"同事会想："我知道怎么解决还来问你吗？算了，我不问了。"就走开了。

长此以往，小李在公司的人缘儿越来越差，于是就找朋友帮忙分析。朋友告诉他，就是因为他不会提问，总是反问别人，换个方法肯定就会好很多。小李听从了朋友的意见，在提问时不再用反问的方式了，而是用引导对方的方式。当同事来询问他工作上的问题时，他会问："你想一下，用这个方法是不是可以？"对方想了想，茅塞顿开，对小李很感激。过了不久，大家都对小李产生了好感，小李在公司的人际关系也变得非常好。

用反问的提问方式，会让对方感到很难接受。因此，如果想成为一个情商高的人，就应该避免用反问的方式来提出问题。像上面例子中的小李那样，多用启发式的问题来提问，就很好。这样，不但能引发对方的思考，还不会让对方觉得难堪，沟通也能够正常进行下去。

答：情商高的人总能回答到点子上

在沟通中，回答也是一个非常重要的部分。情商高的人总是能把回答说到点子上，让回答深中肯綮，起到事半功倍的效果。对方从回答中了解到了想了解的内容，解决了心中的疑惑，自然就会很高兴。于是，沟通起来也就更愉快了。

小王对自己的工资不是很满意，去找经理谈加薪的问题。

小王："经理，我在公司已经干了有两年时间了，可是我的薪资还是原来的水平。现在物价飞涨，我认为员工的薪资也要相应增加。再不涨工资，真的快要活不下去了。"

经理："你不要总是那么在意薪资的问题嘛，要把目光放远一点。应该把精力放在好好工作上，而不是整天想什么薪资的问题。当然，对于薪资，公司一定会让你们满意的。你看我们公司是一家正在发展中的公司，只要我们大家共同努力,让公司的业绩更好,公司发展壮大了,我们才能得到更多的回报。如果我们不想着怎么去努力,等公司垮了,我们不是都有损失吗?"

小王:"可是两年了,我的薪资还是最初的水平。就我的这点儿薪资,养活自己都很困难,更不要说养活一个家庭了。"

经理:"你看,你还是没把眼光放长远。年轻人要着眼未来嘛,现在苦一点没关系,将来公司发展了,你们都是元老级的员工,高薪是肯定的,你放心好了。"

整个沟通中,经理都在给小王讲理想、谈未来,却没有真正回答小王关于加薪的问题,这让小王感到很无奈。没过多久,小王就递交了辞呈。

小王去找经理谈加薪的问题,经理却表现得情商不高,没有将回答讲到点子上。如果经理能够直接告诉小王现在可以加薪或者不可以加薪,又或者说明小王达到什么要求以后可以加薪,小王就不会感到迷茫和不知所措,也就不会因为对公司失去希望而辞职。

一家公司的绩效很差,公司面临着倒闭的风险,员工的工资也发不出来,拖欠了一个月了。为了改变这种现状,让公司起死回生,公司聘请了一位新的经理。

这位经理一上任,先对公司的情况进行了详细了解,然后召集所有员工,开了一个全体员工大会。

在会上,经理没有多余的话,直接向所有员工保证,他不敢说自己有多么优秀，但是保证大家如果在他的带领下好好干，不出三个月，一定让公司有起色，至少能把拖欠大家的工资全都补齐。如果做不到这一点，他立即主动辞职。

员工最关心的就是拖欠的工资，新经理的这番话说到了点子上，顿时引起了员工的共鸣。所有员工都拍手叫好，并在接下来的三个月中，积极配合新经理的工作。

结果，经过三个月的艰苦奋战，公司的情况果然出现了好转。新经理把所有拖欠员工的工资都发了下去，并且趁机鼓励大家以后也要用这种劲头去工作。一年之后，公司不但一改之前即将倒闭的危险状态，而且在同行业中崭露头角，成了一家绩效非常高的公司。

上面例子中的新经理的情商很高。他之所以能够激发起员工的斗志，让员工在自己的带领下大干起来，就在于他解决了员工心中最大的疑问，把问题回答到了点子上。如果他不去谈拖欠工资的问题，而是只和员工谈理想，就无法起到这样的效果。

情商高的人总是能在沟通中把话说到点子上，直击问题的核心，让沟通效果变得非常好。如果情商低，说话说不到点子上，顾左右而言他，不但无法解决问题，还会让对方十分反感，沟通就无法正常进行下去了。因此，在回答对方的问题，解决对方的疑惑时，我们必须直面问题，从正面去回答。

有人可能会担心，如果这个问题我们解决不了怎么办？直接告诉对方我们解决不了，不是更打击对方的积极性吗？实际上，当我们顾左右而言他时，反而更给对方一种我们无法解决问题的感觉。如果我们正面回答，还能给对方留下诚恳和实事求是的印象，这比前者要好得多。

把问题回答到点子上，不顾左右而言他，不推卸责任。这样不仅显得我们重视对方的问题，也显示出我们的诚恳态度，对沟通是有利的。真话有时候可能不如谎话好听，但真话的沟通效果要比谎话好。所以，情商高的人即便无法解决问题，也不会试图去蒙混过关，而是要给对方明确的回答。

第七章 情商高的人会根据对象选择沟通方法

情商高的人对不同的对象会选择不同的沟通方法,这样能起到"对症下药"的作用,将最合适的方法用在最合适的人身上。如果不注意对象,总是用一成不变的沟通方法,就无法使沟通效果达到最好。

和同事沟通要把握分寸

工作中和同事之间搞好关系非常重要。而要和同事搞好关系,最关键的就在于沟通。大家都在同一个公司工作,抬头不见低头见,还有可能会共同做事,因此和同事之间沟通时一定要把握好分寸。

在沟通中一定要体现出尊重

情商高的人在和同事沟通时,首先要做到尊重。尊重是相互的,要想得到别人的尊重,就必须先尊重别人。情商高的人会从自己做起,把尊重他人体现在每一个细节上。

对一个职场人员最大的尊重,就是尊重他的职业,所以公私分明才是和同事相处的正确方式。在工作时,公事公办,对同事的工作表示尊重,对方就会觉得你对他的工作非常认可，在潜意识中接收到你认为他非常专业这个信息。在私底下，可以是好朋友，不像工作时那么严肃。

情商高的人在任何时候都不会说同事的坏话。我们尊重他人，就不要说别人的坏话，也不要传播小道消息。在办公室，一点小风波都可能会转化成滔天大浪。那些小风波，大多数时候是因为有人管不住自己的嘴，对别人说三道四。情商高的人从不做多嘴多舌的人，而是会做一个让谣言终止的智者。

在言语上吃点亏不算什么

有的人喜欢占便宜，沟通时也从来不肯吃亏，嘴上不饶人。这对良好的沟通很不利，因为没有人有义务让着你，大家都是平等的。如果在和同事的沟通中不注意这一点，可能就会在无形中得罪很多人，导致自己没有朋友，甚至被孤立。

和同事之间沟通，言语上吃点亏不算什么，和大家的关系保持和谐才是最重要的。因此，情商高的人在和同事沟通时，不会得理不饶人，也不会为对方的语言强势而计较太多。当你在言语上吃了亏，却不去计较那么多，大家其实都看在眼里，对你"不与人争"的性格也会有所认识。这样一来，你和同事之间的关系一定会更好。

相反，那些斤斤计较，在言语上一点亏都不肯吃的人，是情商低的人。他们表面上虽然看起来很精明，大家却会和他保持距离。

注意表达的方式

直率当然是很好的品格，但有时候还是得注意方式方法，两点之间也许并非走直线最短，可能绕一点弯会更容易到达。

情商高的人在与同事沟通时，会先了解同事的情况，然后根据他的情况分析他的想法，选择合适的方式跟他沟通。

比如同事做错了事，如果你直接告诉他那样做不对，不许那样做。同事性格直爽则还好，若同事的心思比较多，就会想"你是谁啊，又不是领导，凭什么管我！"虽然你的出发点是好的，想让对方改正错误，但效果却非常差，对方可能不但不会听你的，还会心生不满。

情商高的人和同事沟通时，一定会选择对方能够接受的表达方式。只有对方能够接受你的话，沟通才是有效的，否则只能引起双方的矛盾，得不偿失。

在沟通中多为对方想一想

同事之间难免会有小摩擦，在沟通中产生矛盾也非常正常。大多数的矛盾都是因为我们情商不够高，不懂得多为对方想一想，只顾着说自己的想法。其实，只要站在对方的立场上想一想，就能理解他为什么会那么说，也会在自己的话语中注意体谅对方了。这样，很多小摩擦就可以避免。

有些人的人缘不好，主要就是因为他们说话太主观。他们情商不够高，在说话时只想到自己，很少会想到别人，也不去注意别人的感受。

虽然我们不可能做到没有一点私心，但要想和同事搞好关系，至少得多为他们想一想。提高自己的情商，多为别人想一想，在言语之间多留心，就能避免出现很多"言者无心，听者有意"的情况，减少很多矛盾。

选择好沟通时机

和同事之间沟通的时机也非常重要，选对了时机，沟通就更容易进行了。

小周和同部门的同事小冯之间有矛盾，为了解决这个矛盾，小周想找小冯好好谈一谈，但一直没有找到好的机会。

有一次，他们部门取得了很好的业绩，受到了公司的表扬，每个人都得到了不少奖金。为了庆祝这件事，部门专门组织本部门的员工聚餐。

在聚餐时，几杯酒下肚，现场的气氛非常热烈。这时，小周趁机找小冯沟通。人逢喜事精神爽，所有人的心情都很好，小冯的心情同样很好。经过沟通，两人把话谈开了，矛盾也顺利地解决了。

情商高的人在和同事沟通时，会努力寻找合适的沟通时机。在一个好的时机沟通，效果会更好。我们在准备和同事沟通时，一定要看好时机，在最合适的时候去沟通。

和领导沟通要留面子

每个人都需要面子，领导更是要在员工面前有面子。如果你让领导没了面子，那这场沟通可能就无法继续进行下去了。因此，情商高的人在和领导沟通时，总是特别注意给领导留面子。

先同意领导的话再提意见

给领导提意见并不是一件轻松愉快的事，言辞不当就可能招致领导的反感，所以肯定会有不小的压力。但是和领导意见有分歧时，又不得不把意见提出来。这时候，表达的方式非常重要，你要先表示赞同，再委婉表达自己的想法。

情商高的人在表达时，会站在领导的立场上来说，让领导知道你是为他好，不是故意挑毛病。然后他们通常是讲出自己的建议，而不是意见。他们建议领导怎样做可能会更好，然后把选择权交给领导，自己并不做决定。

还有一点要注意的就是对时间的把控。不能啰啰唆唆说起来没完，否则脾气再好的领导也会感到厌烦。提建议的时间应该越短越好，一定要摒弃冗长的话语。记住："简洁是智慧的灵魂，冗长是肤浅的藻饰。"

假如你的想法被领导驳回了，也不要气馁，该怎么做今后还是要怎么做。情商高的人所计较的不是个人的得失，而是公司的利益。

和领导意见相同时积极表示

谁都喜欢和自己合拍的人。当和领导的意见相同时，情商高的人会热烈反应，让领导知道自己是支持他的。

俗话说"高处不胜寒"，有时候领导做决策是非常难的，需要顶着巨大的压力。有可能领导做的决策，其他人不理解也不支持。这时，如果你想的和他一样，就应该热烈反应，积极支持他，那他一定会对你印象深刻。

领导决定了公司未来的走向，他一定希望员工们和他的想法是一致的，希望大家有共同的愿景。如果你的想法和领导一致，他一定更愿意把重要的任务交给你。因此，对相同的意见热烈反应，还能给自己创造更多的机会。

另外，人们都希望自己是被别人认同的，甚至希望被别人崇拜的。当你热烈响应了领导的意见，他们会觉得你是懂他的人。如果你经常和他的意见一致，对他的观点强烈支持，他会认为你是一个能理解他想法的好员工。

反对领导的观点要委婉表达

谁都不希望有人大张旗鼓地反对自己，领导当然也不例外。

若是和领导的看法正好相反，情商高的人不会针锋相对地和领导唱对台戏，也不会当场顶撞他。

假如领导让你去做一件事，你认为这件事超出了你的职责范围，不应该由你来做。你不应该立即顶撞领导，说这件事要交给他人去做，不是我的事。你可以先答应下来，然后等一会儿再去找领导，告诉他你突然发现这件事不应该由你来做，让领导再考虑一下。这样一来，因为有了一段时间的缓冲，领导不会有你故意顶撞他的想法，情绪也会缓和很多，一般都能平心静气地处理。

假如你发现了领导的错误，不要立即毫不留情地指出来，否则领导会非常尴尬。你可以先不动声色，等谈话结束之后，再找恰当的时机去找领导，说刚才哪里说得不对，应该怎么做。如果领导是个明白人，应该会接受你的意见。但如果领导不接受你的意见，就不要一味反对他，毕竟他是领导，如果他认准了一件事，你说再多都没用。你可以先按照他的指示去做，并经常把情况反馈给他，这样一旦出了问题，还能及时做出调整。就算最后真的出了什么麻烦，你也尽到了自己的责任。

情商高的人在说反对的话时，一定会特别慎重。这样才能让自己的话更有效，也才能不招来反感。

当着别人的面给领导留足面子

人最爱面子的时候，莫过于当着别人的面的时候。和领导沟通时，如果有他人在场，情商高的人会比平时更加注意维护领导的面子，注意自己的言辞。

有他人在场时，很多话都是不方便说的，必须仔细权衡，谨慎发言。

比如领导批评了你，你觉得自己很委屈，但如果此时有其他人在场，你最好不要顶撞，**静静听着就好**。如果你出言顶撞，领导为了不让别人觉得他毫无威信，就会变得更加严厉。若是你还不知趣，情况就会愈演愈烈，一发不可收拾。此时最好的做法就是先听着，过后再找领导说清误会。

又如，你在和领导讨论问题，但这个问题比较麻烦，你认为应该这样做，领导认为应该那样做，争论了一会儿还没有结果。这时若是有旁人在场，你最好赶紧偃旗息鼓，不要再和领导纠缠下去了，否则会让别人对你们产生负面印象。假如你不赶紧止住，因为不想在别人面前丢了面子，领导说不定会恼羞成怒地表示："就这么办吧！"以向别人表示在这里还是他说了算，那样就十分尴尬了。

人们在有他人在场时会更在意自己的面子。因此，如果有他人在场，在与领导沟通时更要谨慎，仔细考虑后再说话。

和下属的沟通要使人信服

和下属沟通没有和领导沟通那么令人紧张，但和下属沟通却非常重要，有时候甚至比和领导沟通还要重要。公司就像是一支有组织、有纪律的军队，要想这支军队有高昂的士气，就必须做好和下属的沟通。

公司员工们的士气要通过沟通来鼓舞，情商高的领导在和下属沟通时，要注意以下要点，做到使人信服。

从细节入手

一个情商高的好领导，说话必须有很强的亲和力。要让你的话有亲和力，就必须多从细节入手，少说大话。这些细节是员工目前的能力就可以做到的，可以解决的，因此你说出来非常有现实意义，也能确保员工通过努力可以做到。

海尔集团的创始人张瑞敏在刚接手濒临倒闭的工厂时，首先颁布的规定中就有这么几条：不准在车间随地大小便、不准在工作时间喝酒、不准盗窃工厂物资、不准打架骂人。

格力集团的董事长董明珠规定，在厂区里必须走人行道，谁要是走进车道，立即开除！

无论是张瑞敏还是董明珠，他们所说的这些都是具体的细节。他们的规定朴实、具体，虽然看起来很平凡，但这正是他们情商高的体现。这样说话,员工们能听懂,也能做得到,比说空话、套话效果要好得多。

从善如流

没有任何一个情商高的领导是闭目塞听的,他们全都是广开言路、从善如流。要想成为一个情商高的领导,应该多听听员工的意见。

俗话说"群众的眼睛是雪亮的",在公司里,员工们看到的东西比领导多,所以领导广泛听取员工的意见,就能成为一个开明的领导。

小米公司的所有员工都可以给公司提意见,他们有一个公司内部专门的App,名为点滴系统。不管是谁,只要有想法,都可以通过点滴系统把想法表达出来。这个想法提出来之后,其他员工可以参与互动,大家集思广益,点赞的点赞,有其他想法的说出想法。正因如此,小米公司总是能聚集众智。

在移动互联网时代,每个人的想法都非常宝贵,一个简简单单的问题,就可能是引领时代技术革新的开始。在这个时代,什么最宝贵?思想观念。让员工们都提意见,你就拥有了一个取之不尽用之不竭的思想宝库。

听明白之后再说

领导和员工说话时,往往习惯表述自己的看法,或急着传达一些命令。这样不但会令员工们有一种被人居高临下指挥的不舒服感,还无法倾听员工的心声,对沟通产生诸多不利影响。

情商高的领导不会急着说,他们往往会先听听员工们的想法,听明白之后再说,这样的效果会更好。

在倾听员工说话时,不要表现得不感兴趣,应该鼓励员工们说下去。这样才让他们表现得更积极,才能对他们有更多的了解。除此之外,情商高的领导还要用心倾听员工们的言外之意。因为有些话员工可能不敢或不好意思直接说出来，领导必须充分发挥自己的情商，去理解他们的真实想法，才能真正读懂员工的内心世界，不与他们脱节。

在倾听员工讲话时，领导更容易打断员工的话，做些总结，这比同级之间的交流更常见。你必须注意，不能随便打断员工。因为这是非常恶劣的行为，即便员工嘴上不说，心里也一定很不满这种行为。

如果有没听明白的地方，情商高的领导会积极询问。不要觉得向下属提问是一件丢脸的事，实际上，这只会拉近你们之间的距离。

一个能和员工打成一片的领导，一定是情商高、善于倾听的领导。任何时候，领导都不要忽略员工们的声音，先听他们说话，你会发现更多有价值的信息。

私下批评

有些领导在下属犯错时，总是当着别人的面批评他，甚至在公司的会议上公开批评他，好像不这么做就不足以让下属引以为戒。但这样做的效果并不好，情商高的领导不会选择这样的批评方式。

当然，当众批评下属，下属是不敢说什么反对的话的。然而，他们内心并不一定会真正服气。在众人面前，他们可能默不作声，但心里却不以为然，用沉默来进行无声的反抗。下属心中可能会有怨气，表面上恭恭敬敬，心却和领导越来越远。

下属犯错，批评他们不是目的，让他们改正错误才是目的。与其当众批评他们，让他们心生逆反情绪，不如私下批评。私下批评，没有面子上磨不开的问题，大家静下心来老老实实把问题解决。员工乐于接受，领导也不会遇到太大阻力，事情还解决得非常完美，是有百利而无一害的。

当众批评下属，其实批评的不仅是这个下属，等于一下子批评了所有的下属。当你批评这个下属时，一旦言辞不当，别人就有可能会对号入座，心想："领导这句话是不是在说我？"而且当众批评下属，会给大家留下严厉冷酷的印象，这将产生不好的影响。为了和下属真正做好沟通，领导应该尽量避免这种情况。

和客户的沟通要抓住痛点

情商高的人在和客户沟通时，会抓住客户的痛点，把沟通做好，最终拿下客户的订单。

那么，在和客户沟通时要注意什么呢？

有一个吊起客户胃口的开场

好的开端是成功的一半，商务沟通中的开场也十分重要，成功的沟通都是从良好的开场开始的。情商高的人会在说开场白时就吊起客户的胃口，吸引客户的注意，让客户对这次的沟通更有兴趣。

1. 利益开场

人家为什么要买你的东西，不买别人的东西，说到底是为了使自己的利益最大化。因此，你不妨先声夺人，在一开始就把己方产品能带给对方的利益摆到明面上。这样就能强烈刺激对方的神经，引起他们的兴趣，给他们留下深刻的印象。比如，你可以告诉他们你的产品可以给他们省下多少钱，或者在今后的使用过程中能帮他们赚多少钱。

2. 悬念开场

人人都会对未知的事物感到好奇，利用客户的好奇心，吊起他们的胃口，就能收到很好的效果。那些沟通高手，通常就是利用别人的好奇心，充分吸引别人的注意力，从而拿下别人搞不定的客户。在引起客户的好奇心时，注意不要说一些太简单、太常见的问题，否则对方不但不会感到好奇，还会觉得你很无聊。另外，还要注意不能一直吊着他们的胃口，说了很多还不回答，否则他们会以为你是在耍他们。

3. 提问开场

相对于陈述性的语言，人们对别人的提问总能给予更多的关注。因此，在商务沟通中，用提问式的开场白效果也很好，既能引发对方的思考，还能调动对方的积极性。如果你提的问题恰好正是他最感兴趣的事，那他的谈兴就会更浓。

良好的开端是成功的一半。在和客户沟通时，开场该怎么说，就像联欢会的报幕一样重要。情商高的人在开场就抓住客户的痛点，引起客户的兴趣，于是接下来的沟通就水到渠成。

多和客户互动

沟通不是单方面的，它是双方的信息交流，需要双方互动，而不是你一直说，客户的心思却不在你身上。情商高的人在和客户沟通时，会让客户真正参与到沟通中。在移动互联网时代，每个人都需要有参与感。大街上卖东西的小贩，都要想办法让顾客参与到他的活动中，通过优惠活动吸引客户，我们当然也不能忘记这一点。

让客户参与到沟通当中,产生参与感,不仅要有互动,还要让客户在互动中感受到对他的关心。比如,商家的促销活动,无论是优惠券还是打折,都能帮客户省钱,为客户的利益着想。

在让客户参与互动的同时,情商高的人会本着为客户着想的思想,以保护客户的利益为出发点,自然而然地引起客户的共鸣。

多介绍产品的特点

无论你的口才多么好,都只能起到引起别人注意的作用,最后能不能达成交易,关键还是要看产品。产品质量好,价格也合理,自然就能让对方满意。产品若是不好,你说再多,也无法让对方选择你,因为他不会做赔本生意。

与其说得天花乱坠,不如让客户多关注一下你的产品,让产品去说话。在这个广告满天飞的时代,的确"酒香也怕巷子深",但如果你的酒本来就不香,就算巷子浅也没什么用。所以关键还是在于产品的质量好,直接让客户看到好产品,比说什么都管用。

一款牙膏30元一支,有两个销售员同时销售这款牙膏,可他们的销售业绩却差距特别大,简直一天一地。

领导觉得很奇怪,为什么同样的产品,销售的业绩却能出现如此大的差距呢?于是领导来到销售业绩差的销售员旁边,看他平时是怎么推销产品的。结果发现,这名销售员一般都会这样说:"您好,看看这款牙膏吧,30元一支,特别好用,能极度清洁您的牙齿,还……"顾客一般听到这里已经转身走了,有些人还会嘟囔一句:"太贵了!"

领导又来到另一位销售员那里,发现他是这么说的:"您好,向您推荐一款牙膏,它不但能有效清洁您的牙齿,让您的牙齿光洁明亮,抑制细菌的功效也非常强,能保证您的口腔清洁,另外,它还有一个非常强的功能,可以清热去火,防止您上火。"顾客听到这里,觉得这款牙膏非常好,很多人连价格也不问,就把牙膏放进了购物车里。

记住,商务沟通中,影响成交的决定性因素在于你的产品或你的服务,而不是价格或天花乱坠的说辞。情商高的人会在沟通时,努力将客户的注意力转移到产品上。这才是成功拿下客户的关键。

和朋友的沟通要体现尊重

朋友是我们一生的财富,和朋友沟通时,我们往往没有那么拘束,显得非常轻松。但是,这并不是说和朋友沟通时就可以百无禁忌了。情商高的人在和朋友沟通时,一定会体现出对朋友的尊重。如果不注意这一点,轻则产生矛盾,重则可能导致友谊破裂,所以一定要重视起来。

要在沟通中体现对朋友的尊重,应该注意做到以下几点。

言而有信

和朋友之间,可能会开一些玩笑,但情商高的人对于向朋友做出的承诺,就一定会做到言而有信。对朋友做到言而有信,是对朋友尊重的一种体现。如果我们失信于朋友,那么朋友以后就不会再信任我们了,我们就会失去一个朋友。

为了能做到言而有信，我们应该注意以下两点：

1. 不要轻易许诺

要做到言而有信，就不能轻易许诺。轻易许下的诺言，有可能我们自己还没有想好，到时候实现不了，就变成了失信于人。当我们经过深思熟虑以后许下诺言，有能够实现的能力并且践行诺言，这才能做到言而有信。

2. 要给自己留下退路

有的人在对朋友许诺时总是把话说得很满，大包大揽地打包票，这样的做法是不可取的。即便我们的能力很强，但有时候也会因为一些外界因素而无法实现诺言。为了不出现这样尴尬的情况，我们在向朋友许诺时，不妨照实说。这样，做到了是惊喜，做不到也还有退路。

言而有信不但是自身的一种品质，也是对朋友尊重的体现。在和朋友沟通时，只要是答应的事情，就要做好，这才是情商高的表现，也只有这样才能交到真正的朋友。

避免争吵

在和朋友沟通时，可以讨论问题，也可以争论问题，但情商高的人一定要注意避免争吵。一旦出现争吵，双方就有可能失去理智，也可能会说一些过激的话，导致友情破裂。

"君子和而不同"，当出现分歧，并且谁都无法说服对方时，可以让这个分歧先留着，不必什么观点都保持一致。朋友之间，只要在大问题上观念一致，在小问题上就不必深究。

为了尽量避免争吵，情商高的人要做到以下三点：

1. 时刻保持清醒

朋友之间出现争吵，往往是双方都太激动了，失去了理智。我们在和朋友沟通时，要时刻提醒自己保持清醒。这样一来，即便朋友激动了，只要我们还冷静，不去和他争吵，就一定吵不起来。即便朋友表现得很激动，我们也可以先跳过这个问题，避开他的锋芒。

2. 换位思考

朋友之间一般都是比较了解彼此的，当双方的观点出现分歧，我们可以换位思考一下，为什么朋友会那么想。这样思考后，我们往往就能理解朋友的想法，自然也就不会争吵了。

3. 在不同点中寻找相同点

朋友之间争吵，是因为双方的不同观念。我们要从不同的观念中找到交集，去发现其中的相同点，这样双方的矛盾就不是不可协调的，也就没有争吵的必要了。

朋友之间应该保持互相尊重，而争吵则是一种失控的状态，在争吵中将失去那种尊重的感觉。情商高的人会时刻注意避免争吵，因为这样才能使沟通顺畅，也才能使友谊长长久久。

化解纠纷

几个朋友在一起时，如果有两个人出现了纠纷，我们作为旁观者，应该赶紧制止他们。但是，有时候他们两个人的情绪都非常激动，化解纠纷也需要技巧，否则只能徒劳无功。

有的人可能认为朋友之间发生一些纠纷很正常，于是在一旁看热闹，也不去劝解。这种做法是不对的，因为即便是小纠纷，也会使双方失去相互之间的尊重，进而演化成大纠纷。不管是大纠纷还是小纠纷，情商高的人都应该第一时间去想办法化解，而不是听之任之。

那么，应该如何做呢？

1. 将双方分开

朋友之间发生纠纷，可能是一时的意气之争，过一会儿就没事儿了。我们不妨先想办法把他们分开，过一会儿不需要劝解，他们自然就又和好了。比如，我们可以先拉走一个人，带他去别处溜达一圈，冷静一下。

2. 打感情牌

纠纷会让人陷入当前的事件中，对朋友以前的种种好处完全忽略。因此，我们可以打感情牌，说一说有趣的往事，告诉他们为这么一点小事而产生纠纷不值得。双方听到这些话之后，可能会恍然大悟，纠纷也就化解了。

3. 转换话题

两个人如果在一个问题上纠缠不休，我们可以转换话题。把刚才的话题抛开，双方可能很快就不再有纠纷了。

朋友之间的沟通中，尊重是体现在方方面面的。朋友之间的沟通应该是充满尊重的。情商高的人会有一种高度的责任感，在朋友出现纠纷时及时帮忙化解，绝不会冷眼旁观、袖手不管。

和群体的沟通要朴实大方

沟通中不可避免地会遇到和群体沟通的情况，这时，情商高的人会表现得朴实大方。这样不但能体现我们的真诚，而且能避免犯错，给大家留下一个好的印象，让沟通进行得更顺利。

在会议中如何沟通

职场之中，会议必不可少，无论是大公司还是小公司，都需要开会。因此，不管你是领导还是员工，学会在会议中沟通的方法，都是你成为高情商沟通者的必经之路。

如果沟通技巧不好，就会导致会议过程拖沓冗长，效率不高。大家都不愿意参加那种效率极低的会议，所以应该从自己做起，掌握会议中的沟通技巧。

为了提高会议中的沟通效率，情商高的人应该做到以下五点：

1. 做好会前准备

在会议之前就把各个问题弄清楚，这样才能在开会时有的放矢。比如，明确会议目的、会议主题、会议步骤、与会人员等。

2. 把握好时间

会议的时间越长，越令人感到厌烦，效果也越难以达到预期。在开会之前，先规定一个时间，在规定时间之内把会开完。有了时间限制，在沟通时就好把控速度和掌握节奏了。有时间规划，才能有条理地开会。

3. 多互动

会议中如果只是领导在那里不停地说，很难不让别人昏昏欲睡。会议中的沟通和平时的沟通一样，应该也特别注意互动。让其他人都参与到会议中，积极讨论。众人拾柴火焰高，每个人都发表一下意见，说不定能讨论出更好的方法。

4. 及时做决定

沟通如果没有最后的结果，那这种沟通就毫无成效。在会议中，如果就一个问题讨论了很久，到最后也没能给出一个确切的定论，那这会议就很失败。如果这样悬而未决的问题很多，那这次会议就开得便毫无意义。

5. 把事情一次解决

在会议中讨论某件事，应该从头到尾把这件事讨论清楚，不要只讨论一半，有头无尾。比如开会讨论一个项目，就要从项目开始、进展，一直到项目结束之后的后续跟进和监督指导等都讨论清楚。这样把事情一次性解决的会议才是高效的会议，才是高效沟通。如果拖泥带水，给这次讨论留下一个尾巴，下次还要开会继续讨论，就会让人不胜其烦。

除此之外，还有一些会议中的沟通技巧是需要了解的。比如，情商高的领导在开会时说话会很谨慎，想好了再开口，不然若是说的话有歧义，就会很麻烦。还有认真听其他人的发言，巧妙地化解尴尬等。

在网络上如何沟通

现在人人都在使用网络进行沟通，在网上和网友们互动。通过网络进行沟通，这也是和群体沟通的一种方式。

很多公司会有自己的聊天群，大家可以在群里沟通。因为这种沟通相对其他沟通好像不是特别正式，有些人就放松了警惕，结果造成很坏的影响。在聊天群和大家沟通其实比其他沟通更为复杂。要在网上沟通时表现出高情商，你需要注意很多方面。

1. 不传播负能量

不开心的事谁都会有，心情不好应该找个朋友面对面诉说，不要把那些负能量通过网络传播给别人。如果你整天传播负能量，在别人眼里，你就是负能量的载体，大家都会远离你。

生活中既有正能量也有负能量，这是一个事实。但我们应该多注意正能量，多传播正能量，让负能量随风而去，不去理它。

2. 顾及别人的感受

在聊天群里沟通，即便只有两个人在打字聊天，旁边也可能有不少人看着，俗称"窥屏"。因此，你说的话应该照顾到所有人的感受，不能伤及旁人。

3. 不能太不正经

因为网络语言轻松幽默、五花八门，所以人们在利用网络沟通时，难免会使用一些比较流行的网络词汇。但必须把握好度，不能显得太不正经了。

4. 不说大话

平时沟通，一般人都能控制好自己的语言，不说那种不着边际的话。但使用网络沟通时就很容易忘了这一点，很容易说大话。这种行为极容易引起别人的反感，要注意避免。

5. 不乱说

有些人看到同事在群里聊天，他也非要插几句嘴。若是懂的问题还好，也算是提供了一些专业意见。但如果对于不懂的问题，还要说话，最终误导了别人，这就让人难以接受了。对于不懂的问题，静静听别人说就行了，千万别乱说。

其实沟通就是沟通，无论你是通过什么方式沟通，都要注意规范自己的话语，这才是一个情商高的人应有的表现。

第八章 情商高的人会根据场合选择沟通方法

情商高的人会根据场合来选择沟通方法。在不同的场合使用适合该场合的沟通方法，才能把沟通做好。一个情商高、善于沟通的人，不是总使用一种万能沟通方法的人，而是能够随机应变，在不同的场合使用最佳沟通方法的人。

随场合而变，说最合时宜的话

情商高的人，他的沟通方法会随场合而变。因为在不同的场合，周围有不同的人，也有不同的规矩，还有不同的心情。情商高的人懂得让自己的沟通方法适应场合，于是总能说出最合时宜的话，从而把沟通做好，也把事情办好。

正式场合

在比较正式的场合，情商高的人所选择的沟通方式也会很正式。要表现出庄重的感觉，不能表现出无所谓的样子，更不能嬉皮笑脸。

比如在某交际场合，我们准备和一位客户谈话，不要表现得太急切，一定要有绅士风度。在说话时，要把握好用词，让自己的话有分寸。如果客户对我们表现出不耐烦的情绪，不要强行和客户继续谈下去，先选择优雅地离开，再寻找机会，这才是上策。若是客户对我们不反感，就可以借着这个机会，多和客户进行沟通，把双方的距离拉得更近，再想谈什么都好说了。

非正式场合

在一些非正式场合，我们的行为没有那么多的拘束，可以更随意一些。不过需要注意，这种随意并不是可以完全不管不顾的那种随意，情商高的人还是会讲规矩、有礼貌，不惹人反感。

在非正式场合，和朋友之间进行沟通，基本上可以畅所欲言，没什么顾忌。不过，如果是在公共场合，虽然是非正式场合，也要注意影响。我们说话的声音不可以太大，以不影响到别人为宜。假如在比较拥挤的饭店吃饭，还要注意肢体动作的幅度不要过大，否则碰到邻桌的人就不好了。即便碰不到邻桌的客人，如果动作幅度太大，碰倒了酒瓶或者碰倒了碗碟也都是不合适的。

另外，虽然非正式的场合很随意，但也要注意融入整体的气氛中。如果朋友们聚会，其他人都谈兴很高，在一旁有说有笑，而你却一个人坐在旁边发呆，谁也不理，这就显得格格不入。相反，如果大家都比较沉默，在思考什么问题，你却在一旁说个不停，也不好。融入整体的气氛当中，和大家节奏一致，这样能让沟通更加和谐。

实用的技巧

在不同的场合，如果我们不注意自己的说话方式和内容，可能会因为听众的不同，而引起理解困难或产生误会。所以，情商高的人会根据场合的不同，对自己的话语进行合理调整。

在不同的场合说合时宜的话，没有固定的方式，最关键的就是要随机应变。为此，我们要掌握一些实用的技巧。

1. 对听众有一定的了解

在沟通之前，首先要对听众有所了解。在不同的场合，听众一般都是不同的。比如，在会议室，参会人员都是职场精英，理解能力很强，也了解专业知识，交流时就可以表述得更精简；而在年会上，因为各个部门的人都有，大家的理解能力不同，说话就要更详细，表达时尽可能表达得更清楚。

在进行沟通之前，先对听众有一定的了解，才能知道该用什么样的方式和语言去和他们沟通。

2. 和其他人的语言习惯保持一致

俗话说"入乡随俗"，在沟通上，这一点也体现得淋漓尽致。要想把沟通做好，就要根据不同的场合，和其他人在语言习惯上保持一致。比如，在和工程师们沟通时，就不要用太多花哨的词汇，在表达时直接一点，和工程师们的语言习惯保持一致；在和基层员工沟通时，不要说很多专业词汇，用最朴实的语言和他们沟通；如果去了其他地区做宣传，不妨说几句当地的方言，这样能拉近彼此的距离，让沟通更顺利。

当我们在不同的场合，根据他人的语言习惯来组织自己的语言时，对方就能感到亲切，于是沟通起来就容易多了。

3. 注意身体语言

在不同的场合，也要注意自己的身体语言。

在人比较多的公共场合，为了让人们把我们的动作看得更清楚，我们的动作幅度可以大一些；而在人较少的场合，我们的肢体动作很容易被看到，动作幅度就不宜过大。

情商高的人，沟通的方法和沟通时使用的语言，都是根据场合而改变的。我们掌握了实用的技巧后，再去根据场合选择沟通方法，这样就能对各种场合的沟通都应对自如了。

另外，不要因为场合陌生就感到害怕。信心在沟通中是非常重要的，只要我们有信心，就能表现得自然。实际上，掌握了沟通方法之后，不同场合所需要做的只是微调整而已，你一定可以做得很好。

高情商的谈判一定非常有礼貌

在谈判时，和谐的气氛非常重要，一旦陷入僵局，谈判就有破裂的可能。因此，在谈判时，情商高的人总是会特别注意自己的措辞。最重要的是，无论他们表达的内容是什么，都会非常有礼貌。因为表现得彬彬有礼，所以即便他们所说的条件对方不能接受，也不会出现不可缓和的尴尬局面。

争与不争都要有礼有节

谈判既然是双方都要提出自己的条件和要求，就一定会存在一些争议,也都要做出一定的妥协和让步。

有的人为了保证自己的利益,在和对方争论时,表现得急赤白脸,就像吵架一样。但是,谈判并不是谁说话的声音大,谁就具有优势。相反,表现沉静的一方反而更有主动权,因为他随时可以从容地表示同意或不同意。

在谈判时,情商高的人不管是否向对方争取权益,都会表现得有礼有节。当我们表现得气定神闲,并且一直不动声色时,对方不但会感叹于我们的沉稳,还会因为看不破我们的情绪而觉得我们高深莫测。

因此,不管遇到什么情况,情商高的人都应该在谈判时控制自己的情绪,并且做到温和有礼。这样一来,就能让谈判变得更顺畅,也能在谈判中争取到更多的主动权。

在某中国公司和德国公司的一次谈判中,谈判人员表现得非常沉稳,并且很注意礼貌。当德国代表在那里大声指责这家公司的各个方面无法达到他们的标准,必须把价格调整到更低的水平时,该公司的代表一直很安静地坐在那里,脸上没有丝毫的不快,也没有中途发言打断对方的讲话。当德国代表讲完后,该公司的代表微笑着向对方致意,并感谢他对自己公司所提出的意见。

德国代表对他的礼貌态度刮目相看,在他的意识中,没有人能够在被对方如此贬低之后,还能表现得这么淡定和有礼貌。

该公司的代表在感谢完之后,并没有多说什么,只是淡淡地回答:"尽管贵公司有诸多意见,但据我所知,我们公司所给出的价格,即便不是行业中的最低水平,也差不多了。而且,我并不认为我们公司有您刚才说的那么差,我们的产品质量是完全符合要求的,否则,贵公司绝对不会有和我们合作的意向,不是吗?"

只是短短的几句话,对方声色俱厉的一大堆说辞就都被挡了回去。

最终,双方达成了协议,德国的代表还感叹于该公司代表的优雅气度,和他成了朋友。

就像例子中的中国公司代表那样,在谈判中,温和有礼比声色俱厉更有力量。当我们表现得很有礼节时,对方同样会表现得有礼貌,以回应我们。

保持和谐

在谈判中,保持和谐是至关重要的。无论在什么情况下,情商高的人都会努力保持谈判气氛的和谐。

其实,之所以会有谈判,主要是双方想要达成一个共同的观点,最终实现双赢的目的。由此看来,我们需要一个双方都能够接受的结果,而不是为了给哪一方造成伤害。

正因如此,情商高的人不会在谈判时只考虑自己的利益,而完全不顾对方的利益。当我们只顾着自己的利益,在那里自说自话时,对方会认为我们的态度不诚恳,可能谈判就无法继续进行下去。但当我们在提条件时考虑到对方的利益,并不是完全按照自己的意愿想怎么样就怎么样,对方可能就会感激你对他们的照顾,本来不打算让步的地方,也可能会做出适当的让步。

在一个和谐的谈判环境中,没有什么问题是不能拿出来谈的,也没有什么问题是不可以协商解决的。如果双方都很真诚,真正想要解决问题,就应该考虑对方能不能接受,最终互相让步,达成一致。

缓解僵局

尽管我们在谈判中做到了温和有礼,让对方觉得我们很有礼貌,但如果在一些想法上和对方出现了冲突,谈判出现僵局也在所难免。

出现僵局时,不要火上浇油,让僵局变得不可调和。情商高的人会努力想办法缓解僵局,这才是正确的态度。而在缓解僵局时,礼貌是非常重要的。我们如果表现得很有礼貌,对方就会认为我们对他们足够尊重,也就会以尊重来回报。如此一来,大家就有了为彼此想一想的基础,也就能理解对方为什么会产生那些想法。

在进行了换位思考,有了同理心之后,僵局就会逐渐被打破,谈判也就回到正轨了。

日常工作中高情商的沟通方法

在日常的工作中,大家都是工作上的合作伙伴,因此使用正确的沟通方法很重要。只有把沟通方法用对了,才能在工作中减少阻力,更加顺心和顺畅。在日常工作中,高情商的沟通方法有哪些呢?

注意细节

工作中的沟通体现在方方面面,要想在工作中有高情商的沟通,首先就要注意细节。无论是和别人谈话，还是和别人共事，情商高的人都会表现得十分有礼貌。应该时刻牢记"礼多人不怪"这句话，把讲礼貌做得越细致越好。

不过，注意细节并不只是在细节方面讲礼貌而已，还体现在把工作的细节做好。

有人可能认为沟通就是和别人互动，和我们的具体工作没有什么关系。然而，我们在工作中和他人沟通，我们所做的工作内容就是最直接的名片。如果我们不能把自己的工作做好，别人会愿意和我们一起做事吗？肯定不会。所以，把工作做好，将工作的细节做到位，有利于工作沟通。

当我们把自己的工作做得很好，甚至做得非常完美时，会直接给别人一种有能力的感觉，这对于在工作中和别人形成良好的沟通，有极大的帮助。因此，日常工作中高情商的沟通，要从把工作做好开始。

经常说"谢谢"

经常说"谢谢"的人，一般更容易得到别人的帮助。情商高的人一定不会吝惜自己对别人的感谢之言。

当别人帮助了我们，即便这个帮助微不足道，我们也应该表示感谢。我们所感谢的不仅是别人的行为，更是他们愿意帮助我们的那份心意。俗话说"礼轻情意重"，实际上对我们的帮助也相当于是别人送给我们的一份礼物。所以不管这份帮助是大还是小，情商高的人都应该发自内心地向对方表示感谢。

有的人觉得在工作中互相帮助是理所当然的事，而且有的帮助很不起眼，根本不值得说"谢谢"。而且，整天把"谢谢"挂在嘴边，是很烦的一件事。

其实，说"谢谢"不仅是对别人的帮助表示谢意，同时能让我们端正自己的态度。如果我们不说"谢谢"，久而久之，我们就会认为别人对我们的帮助是理所当然的；相反，我们经常说"谢谢"，就会把别人的帮助当成一件值得感激的事，我们会心怀感恩，心态也会更好。

对别人来说，听到或听不到"谢谢"这两个字或许无关紧要。但无论是谁，在帮助别人之后，能够听到对方说一声"谢谢"，和听不到任何表示相比，会有不同的感受。当听到"谢谢"时，人们会得到鼓励，以后也更愿意去帮助别人，而且还会对说"谢谢"的人产生好感，愿意和他沟通和相处。

所以，"谢谢"两个字虽然看似不起眼，也没什么用。但长期坚持，就会有巨大的力量。

及时道歉

在工作中，如果不能把工作做好，或是因为自己做错了事，而和同事产生了矛盾，要及时道歉。情商高的人不但会经常说"谢谢"，也会主动说"对不起"。

有的人觉得道歉是一件很丢脸的事，所以不愿意主动道歉。的确，道歉是需要一点勇气的。不过，道歉并不丢脸，相反地，道歉反而能体现一个人的良好品质。做错了事情不可怕，可怕的是做错了事还不愿意承认。

小刘和周围同事的关系一直都很不好，他不知道为什么同事都好像刻意避开自己似的。一次在和某同事的闲谈中，小刘一再追问，同事才把事情的原因告诉了他。

原来，小刘在工作中经常会犯错，而且每次犯错，都把责任推到别人身上，从来不肯承认自己做得不好。久而久之，没有人愿意再和他合作，人们也都刻意躲着他。

小刘知道了这一点之后，决定改掉自己的这个毛病。他准备从勇于承认错误、及时道歉开始。于是，当工作中出现了问题时，小刘没有把责任推到和他一起工作的那位同事身上，而是主动道歉，并把责任揽了下来。这让那位同事感到很惊讶，以前小刘从来不会像别人道歉，只会理直气壮地责怪别人工作做得不好。而这次的失误，他们两个人都有责任，小刘居然没有责怪别人，而是主动道歉了。同事在惊讶的同时，对小刘的态度也有所改观。

经过一段时间的努力，小刘终于改变了大家对他的看法，大家也不再疏远他了。

及时道歉，不但能够让我们和别人的沟通更顺畅，也能帮助我们正视并改正自己的错误。例子中的小刘，就是因为不肯承认自己的错误，也不懂得道歉，所以和同事之间的关系才会不和谐。

当我们懂得及时道歉后，即便我们犯了一些错误，也能够得到别人的谅解。

调解矛盾时多换位思考

无论在生活中还是在工作中，矛盾是不可避免的。在有矛盾出现的时候进行沟通，情商高的人会通过换位思考来解决问题。通过换位思考，促进矛盾双方之间的相互理解，就能将矛盾化解于无形。

生活中各种纠纷问题，其实很多时候都是因为人们不懂得换位思考而引起的。如果情商高一点，能够多换位思考一下，很多纠纷是可以被巧妙化解的。因此，情商高的人在调解别人的矛盾时，通常会提醒他们去换位思考。

清朝康熙年间，桐城的张英在朝廷里当大官。

有一次，他的家人给他寄来了一封家书。原来是老家的邻居准备盖房子，双方为了占地的事起了冲突。家里人不同意，却又和对方讲不通，于是就给张英写信，希望他能够解决这件事。

本来家里人还盼望着张英凭借大官的身份，把这件事摆平。没想到张英只是给家里人回了一封简短的书信，上面写着一首诗："千里家书只为墙，让他三尺又何妨。万里长城今犹在，不见当年秦始皇。"

家人见张英这么说，站在邻居的角度想了想，其实对方想占那么一块地方也不算什么。于是，张英的家人便按照张英信上所说的，主动让出了三尺宽的地。邻居见对方如此客气，也开始换位思考，觉得自己做得有些过分，最后效仿张英的家人，在建院墙时也让出来三尺。

于是，有名的"六尺巷"便出现了。

张英情商非常高。他在调解老家的矛盾时，没有多说什么，只是用简单的话语，提醒家人去换位思考一下。当家人想到，其实对方占了那么一点便宜又能如何呢？于是，就醒悟了过来，这本来也不算是什么大便宜，让他又怎么样？

张英家退让一步，邻居也换位思考，觉得人家这么大度，我为什么要那么小气？于是双方的矛盾立即烟消云散了。

在生活中，很多看似无法解决的矛盾，其实并没有什么大不了的。如果能让纠纷的双方都冷静下来，换位思考一下，他们自己就会发现，他们所争的问题真的很不值得争。

张大姐是某小区有名的调解员，小区的住户有了矛盾，一般都会找张大姐出面帮忙调节，每次都能很快将矛盾解决掉。

张大姐调解矛盾有一个百试百灵的方法，就是用换位思考的方式，让矛盾的双方换位思考，激发他们的同理心。当双方都考虑到彼此的难处，也就能理解对方，并且意识到自己也有做得不好的地方，矛盾很快就解决了。不但矛盾得到了解决，往往双方之间的关系也更好了。

李某和周某是邻居，结果因为李某晚上在家里听音乐，声音开得特别大，打扰到了周某的休息，双方争执起来，差点就动手打架了。

张大姐听邻居们说起了这件事，便找到李某和周某。了解了具体情况后，她对李某说："我们住在居民楼里，上上下下的住户那么多，晚上你用大喇叭放音乐，不仅打扰小周休息，肯定也打扰别人了，只不过别人没有找你来理论。小周给你提意见，还不是为你好，让你不打扰大家休息，也避免和大家起争执吗？再说了，你想想，如果你是小周，白天上班累了一天，晚上刚想睡觉，隔壁哇啦哇啦地吵，你不生气吗？"

张大姐又转向周某："你也是，给人提意见就不能好好说话吗？非要用力砸门，大吵大叫吗？你想想，如果你正在家里，外面有人用力砸你的门，你能对他好好说话吗？"

张大姐说完这些话，李某和周某都陷入了沉思。

张大姐又说："你说你们两个人的关系一直挺不错的啊！怎么就为这么一点小事儿就闹成这样了？多为对方想一想，其实谁都没有什么恶意，以后不许吵架了知道吗？还有，晚上不许大声放音乐，也不许大声吵架，会打扰别人休息。"

李某和周某连忙答应，两人也很快就和好了。

张大姐的调解方法很简单，就是通过自己的话语，引导别人换位思考。这个方法是一种情商很高的方法，所以非常管用，每次都能成功把矛盾化解。

在有矛盾的场合，我们要调解矛盾，一定要利用好换位思考这一招。用好了这一招，往往能起到一招就解决问题的好效果。

升华篇
高情商让沟通成为一种艺术

第九章　高情商让沟通更顺畅

高情商在沟通中的作用非常大，它能够让沟通更加顺畅。因此，我们要努力提高自己的情商，并将情商运用到沟通当中去。当我们懂得在沟通中运用情商，就会发现沟通原来如此简单。

充分利用别人的惯常思维

人们常常会有一些惯常的思维，在沟通中，情商高的人会充分利用这种思维，让沟通事半功倍。

表示理解

每个人都希望得到别人的理解。这种思维是那么正常，正常到很少有人会去注意它。但是，情商高的人会在沟通中利用好这种思维，使沟通效果变得非常好。

小何被经理批评了，来找小钱诉苦。如果小钱这时给小何讲一堆大道理，小何可能一句也听不进去。但是，如果小钱说："被经理批评啊！这很正常，我非常理解你的感受。前两天我刚被经理批评过。咱们这个经理是有名的严厉，对员工可严格了，被他批评没什么值得伤心的，我们自己努力把工作做得更好就行了。"小何听后一定会感觉小钱是知已，心情也不会那么难受了。

小洁失恋了，找朋友哭诉。朋友安慰她说："你的感受我完全理解，我失恋的那阵子，感觉简直天就要塌了一样。但是，你看我现在还不是好好的？其实，失恋也就那么回事儿，过一阵子就好了。"小洁虽然还是在哭，但是听了朋友的安慰以后，心情好多了，也觉得失恋好像不是那么严重的问题了。

在和别人沟通时，情商高的人会先表示对别人的理解。这个方法虽然简单，却总是能起到非常好的作用。这就是利用了人们希望被人理解的惯常思维，达到更好的沟通效果。

表示信任

人们除希望被理解外，还希望被相信。因此，在和人沟通时，情商高的人会表现出对别人的信任，于是别人也就会对他更加信任，沟通也容易了许多。

小玲自己开了一家咖啡店，但是生意一直不太好，尽管小玲在不断想办法改善经营，但生意还是不温不火的。小玲的亲戚朋友大多都劝她不要再干了，与其自己开店总是赔钱，还不如找个工作，安安稳稳地打工赚钱。但是，小玲却一直不肯放弃自己的店。

这天，小玲的一个好朋友从国外回来了，一见面就问她咖啡店的事。小玲听到太多不看好她的话了，对朋友的话有些不太在意。没想到，朋友说："你知道吗，我特别相信你可以把这家店干好，你有那样的能力！"小玲听了精神一振，兴奋地和朋友聊了起来。朋友根据国外咖啡店的情况，给小玲提了不少意见，小玲都认真接受了。后来，小玲的咖啡店真的有了起色，并很快成为附近有名的一家店。

正是因为朋友表示相信小玲，才使双方的沟通能够顺利展开，也让小玲虚心接纳了她的意见。可见，表示信任在沟通中有很大的作用。我们一定要注意利用这个惯常思维，使我们的沟通变得更顺畅。

利用强化的印象

当一个事物反复出现在人们的眼前时，人们就会对它产生很强的印象。情商高的人会利用人们的这种惯常思维，在沟通中给自己创造很多优势。

小楚是一家服装店的推销员，她的销售业绩一直非常好，原因就在于她在沟通方面做得非常好，懂得利用人们心中强化的那些印象。

一位女性顾客来到店里，在一件衣服前驻足观看。小楚连忙走了过来："您好，您要试试这件衣服吗？这件衣服是最新的款式，销量非常好。"

顾客看了看价格，还有些犹豫。

小楚又说："您真的非常有眼光，您知道某某女明星吗，她最近参加某活动时，穿的就是这一款衣服。"

顾客听完，立即表示认识那位明星，并爽快地买下了衣服。

一位男性顾客来到店里，在店里转了一圈。小楚立即迎上前问："请问您是要买衣服吗？看您的身材，和某某男明星差不多。您看这一款衣服是他最近刚刚代言的品牌，而且他穿着拍的广告封面看起来也很合身，还显得非常帅气。相信您穿着也会合身、帅气的。"

顾客对小楚说的明星有印象，把衣服穿上试了试，确实很好，于是就买下了。

就这样，小楚以人们印象比较深的明星来作为突破口，总是能轻松抓住顾客的心，最终成功销售。

例子中的小楚有很高的情商，她充分利用了人们心中的那些强化的印象，通过他们对明星的认知，达到好的沟通效果。

在与人沟通时，利用好别人的这种印象深刻的惯常思维，就能让沟通更有效率，同时沟通效果也更好。我们可以在沟通时注意使用这种方法。

抓住别人的喜好做沟通

在沟通中，情商高的人总是能抓住别人的喜好，使得他们对这次沟通更感兴趣，于是沟通就更容易进行下去了。

人们喜欢独特性

每个人都是这个世界上独一无二的存在。同时，人们也希望别人在对待自己时，能够是独一无二的，和对待其他人完全不同。当感受到这种特殊对待，人们就会更加热情。

小曹在工作中遇到了一些难题，他打算找一位经验丰富的同事问一问。但是，据大家说，这位同事虽然工作能力很强，但是不会随便指点别人，让小曹做好被拒绝的准备。小曹听大家这么说，心里有点儿打鼓，但是为了能把工作做好，他决定试一试。

这天下班之后，小曹找到这位同事，说要请他吃饭。同事有些奇怪，不过还是跟他去了饭店。喝了两杯酒之后，小曹说出了自己想要请教他几个工作上的问题的想法。这位同事果然不肯轻易透露，只是告诉小曹说："这都是我自己多年的工作经验换来的，可不能随便告诉别人，你们要是都知道了，我的能力不就不值钱了吗？"

小曹虽然遇到了阻力，但是并不气馁，他想到人们都喜欢独特性这个特点，有了主意。小曹又给同事倒了一杯酒，说："那不可能，依我看，就算别人能学会这几招，你手里的绝活还多着呢！就算现在没有了，以后也会有更多。你想啊！和你一样有工作经验的人有那么多，为什么只有你有这么强的工作能力呢？因为你有自己独特的能力，别人想取代你的位置是绝对不可能的，放心好了。"

同事听了他的这些话，果然非常开心。又经过一阵软磨硬泡之后，同事终于把自己的工作技巧告诉了小曹。

小曹在和同事沟通时表现出了很高的情商。他抓住了人们都喜欢独特性这个喜好，才使沟通能顺利进行下去。在沟通中，我们也应该注意使用这个方法。当我们让对方感觉到他是独特的，对方就会对我们感到更亲切，也就会无话不谈。

每个人都有好奇心

每个人都有好奇心，这是人们的喜好之一，而且越是不了解或无法做到的事，就越是好奇。正因为如此，当人们产生了某种好奇心时，有时候越是禁止越禁止不住。就像叛逆期的孩子，必须疏导才行。由此可见，好奇心的影响有多么大。

情商高的人在沟通时，会充分利用人们的好奇心，让沟通拥有更大的魅力，调动别人的沟通兴趣。

"这件事不能告诉你"，当人们听到这样的话时，往往会好奇心大起，非要搞明白这件事是什么不可。情商高的人会在和别人沟通时，表现得欲言又止，于是对方一定会心里很好奇，追着往下问。这样一来，不用去刻意强调，这件事就在对方的心里留下了很深的印象。

"有句话不知道当讲不当讲"，我们经常会在影视剧里听到这样的话，一般听到的人都会催促他说下去。为什么听到这句话的人都显得那么着急，总是急着听到下文呢？就是因为说话的人利用了人们的好奇心。甚至有些有强迫症的人，听到话说了一半就不说了，那简直让他难受极了。如果把话直接讲出来，就不会有这么好的效果。

情商高的人会充分利用人们的好奇心，给自己的话设置一个关键点或者悬念，从而起到强调的作用，让沟通效果变得更好。我们一定要记住这个方法，并合理用到我们的沟通中去。

根据对方的性格迎合喜好

一个人的性格对他的喜好会有很重要的影响,对不同性格的人,应该用不同的沟通方式。

与开朗的人沟通,应该多鼓励和认同他们,不要表现得太古板。要习惯他们的讲话方式,如有可能的话,还可以试着用他们的语言习惯和讲话方式沟通。

与内向的人沟通,要充分尊重他们的"规矩",不要做出不符合"规矩"的事,说出不符合"规矩"的话。另外,与他们沟通时,态度要诚恳。

与幽默的人沟通,不要太严肃,要适应他们的谈话风格。不要给他们太大的压力。幽默的人抗压能力虽然不错,但他们并不喜欢压力。

与沉稳的人沟通,应该注意有事说事,直接一点,重点突出。不要跟他争论,因为他们比较固执。不要纠结于单个问题,先把问题放过去,以后再想办法解决,否则谈话就无法继续进行了。

情商高的人能够根据不同性格的人进行不同风格的沟通,迎合他们的喜好。这正是他们能和绝大多数人都做好沟通的秘诀。

利用从众心理增强说服力

绝大多数人都有从众心理,当看到很多人都做一件事时,就会下意识认为这件事是正确的。

当我们看到一群人排队在一个地方买东西时，我们往往会认为这家店的东西非常好，不然不会有那么多人排队在这里买东西。但是，有没有可能这些人都是这家店花钱请来做营销的呢？我们一般不会往这方面去想，第一时间往往是在从众心理的作用下想购买这家店的商品。

前段时间，一款生存类网络游戏非常流行，而且它流行起来所用的时间非常短，简直可以说是突然爆红。究其原因，就是各大游戏主播都开始玩这款游戏，不但做这款游戏的游戏视频，还在自己的直播间直播玩游戏。除各大游戏主播外，一些明星和网红也加入这个推广的行列中来。

于是，在那段时间里，网上似乎全是玩这款游戏的人，各大贴吧、论坛也充斥着对这款游戏的讨论。很多人对这款游戏并不了解，也并不太喜欢这一类型游戏的人，也开始去玩这款游戏。

例子中这款游戏的火爆，可以说就是从众心理的一个很好体现。当各大游戏主播都玩起了这款游戏，在从众心理的影响下，很多人也跟着玩了起来。至于这款游戏本身好不好玩，这已经不是最重要的了，最重要的是大家都在玩。

正因为从众心理有这么强大的能量，所以情商高的人会在沟通中利用人们的这种从众心理，让沟通具有超强的说服力。

用从众心理说服老板

有的老板做事犹豫不决，该决断的时候无法做出决断，白白错过了大好的商机。要想说服这样的老板，非常困难。这时，情商高的人在和老板沟通时会利用好从众心理，轻轻松松让问题得到解决。

小郑的老板做事总是优柔寡断，拿不定主意，小郑为此没少感到无奈。

一次，小郑把做好的策划方案交给了老板。等了一段时间，老板告诉他策划方案太简单了，还需要优化。小郑又完善了这份策划方案。结果小郑把策划方案交给老板以后，就没有消息了。小郑只好又找老板询问，老板说策划方案还有一些问题需要考虑，等会儿在会上研究一下。

小郑知道老板会一直犹豫，再这么下去，迟早这个策划方案的事要黄。于是他在会前找到同事们，向他们细细分析了这份策划方案，并进行补充完善，将这份再次优化的方案提交给老板。等到开会时，老板拿出了这份经过优化的策划方案，问大家有什么意见，大家都表示没有意见。老板感到很意外，于是决定了就用这个方案。就这样，这个方案总算是能够按时交付，没有延误商机。

就像例子中的小郑那样，我们在面对优柔寡断的老板时，要懂得利用从众心理来说服他，否则，他可能很难做出决定。

用从众心理做营销

在做营销时利用从众心理，能够让营销的效果变得更好。这并不是什么秘密，很多企业都是这么营销的。

有些名牌产品，会在广告中将自己一个季度或一年的销量数字说出来。这样，消费者看到这个品牌的产品销量这么高，就会产生一种这个产品很好的印象。

就像大家吃饭时会看看哪家饭店客人多，然后选择哪家饭店吃饭一样，当消费者看到某个品牌的产品销量好，也会在选择此类产品时倾向于这个品牌。毕竟大部分人都相信消费者的眼睛是雪亮的。购买这个品牌产品的人多，往往意味着这个品牌的产品质量好、性价比高。

因此，打出自己的销量数字，以此来利用消费者的从众心理，往往能起到很好的营销效果。

在网络直播平台上，主播为了能够排名更靠前，获得更高的人气，总是努力让自己拥有一些铁杆粉丝，并通过把节目做好，留住这些铁杆粉丝。有了这些铁杆粉丝，人们看到这个主播的人气比较旺，就会点开主播的直播间看上一眼。于是，主播的粉丝就会像滚雪球一样，越来越多。

主播积累粉丝，就像是创业的人积累原始资本一样，一开始是很难的，但只要过了最难的那一关，有了铁杆粉丝，在从众效应的影响下，主播的粉丝就会越来越多。

以上的例子，实际上都是在利用人们的从众心理做营销。当人们发现一个事物非常受欢迎，他们自然就会被这个事物吸引过去。所以，努力做好产品，让更多的人喜欢，然后再让其他人看到我们的产品有很多人喜欢，利用人们的从众心理来做营销，效果会非常显著。

鼓励比批评更容易引起共鸣

谁都希望能够听到鼓励的声音，不希望听到别人的批评。尤其是对于比较敏感的年轻人，鼓励比批评更容易引起他们的共鸣。因此，情商高的人会在沟通中特别注意发挥鼓励的作用。

用鼓励促进工作积极性

鼓励是提高员工工作积极性最好的方法。采用合适的鼓励措施，不但能够提高员工的积极性，还能让员工对公司更满意。

某公司的绩效一直很不好，经理认为是因为员工在工作时偷懒，所以为了让公司的业绩变好，经理就加大了惩罚的力度，只要员工稍有懈怠，就会对员工进行严厉的惩罚，无论是谁，绝不手软。

结果，一段时间之后，经理发现公司的情况非但没有好转，还更加恶劣了。员工不但经常出现迟到、早退等情况，还有不少人辞职了。

经理连忙反思自己的方法是不是用错了。在听取了别人的意见后，经理把惩罚措施撤掉，换为奖励措施，并且奖励的力度还很大。员工看到有奖励，都为了得到奖励而努力工作，一改先前萎靡不振的局面。

过了几个月，公司的业绩变好了，员工的工作积极性也变得非常强了。

例子中，经理一开始使用的方法不对。想要让员工工作更加积极，用鼓励的方式比用惩罚的方式好得多。所以等经理明白了这个道理，公司就有了起色。

在对员工进行激励时，情商高的人一定会多鼓励他们，而不是一味加重惩罚。

鼓励让梦想变成现实

很多人都有梦想，但大多数人的梦想都没能实现，原因在于人们往往喜欢给别人的梦想泼冷水，告诉他这是不可能实现的。那些实现了梦想的人，一般都有人在鼓励他，让他坚信自己可以实现梦想。

在电影《当幸福来敲门》中，主人公告诉他的小儿子说："如果你有梦想的话，就要去捍卫它。那些一事无成的人想告诉你，你也成不了大器。如果你有梦想的话，就要去努力实现。"

情商高的人一定不做那个给别人的梦想泼冷水的人，而是会做那个鼓励别人的人。鼓励能够传递给别人温暖的信息，并引起别人的共鸣。

一位心理学家在一家小学做了个实验，他随机找了几个小学生来，并告诉他们说："经过我一段时间对你们的观察，我发现你们都是智力超群的人，在今后一定会取得很好的成绩，我相信你们肯定行的。"

过了一段时间，当心理学家再次来到这个小学，发现那几个被他随机选中的小学生，学习成绩都变得非常好了，成了成绩优秀的学生。

这个实验证实了鼓励具有强大的作用，在鼓励之下，人们确实能做出很多不可思议的事情。

梦想看似遥不可及，但是，只要多一些鼓励，谁说梦想就是不能实现的呢？我们在和别人沟通时，一定要多对他们进行鼓励，这样会取得更好的沟通效果，甚至会得到让我们感到惊讶的好结果。

多说肯定的话让对方打开话匣子

在沟通时多说肯定的话，对方就会敞开心扉，越说越多。当我们得到别人的肯定时，我们就更愿意和他们分享我们的观点和想法。如果对方总是批评和否定我们说的话，那么我们肯定没什么兴趣和他继续沟通了。

小卫在工作中表现得很不好，于是主管就找他谈话。在谈话的过程中，主管总是批评小卫，吓得小卫大气都不敢喘。经过几次谈话，小卫的工作业绩还是没有丝毫长进，这可把主管愁坏了。

主管没有办法，只能把小卫的事告诉了经理，并询问经理是不是要把小卫辞退。经理没有那么做，而是找到小卫，亲自和他谈。

小卫被主管批评怕了，在经理面前也很害怕，不敢说话。经理发现小卫很害怕，就不断鼓励他，说他其实做得很好，在新人当中算是不错的了，完全没有必要太担心。经理还告诉他，有什么困难尽管提出来，自己一定会想办法帮他解决的。

在经理的鼓励下，小卫开始说自己工作中的问题。在小卫说话时，经理不断点头同意他的话，并肯定他认真工作的态度。小卫于是越说越多，一改之前腼腆的样子。最终，经理明白了小卫的问题出在什么地方，并帮助他解决了问题。很快，小卫的工作业绩就提高了。

例子中的经理情商很高。正是经理的肯定,让小卫敢于说话,并且越说越多,把自己的想法全都说了出来。

在和别人沟通时,我们就要多说肯定的话,这样才能让对方愿意和我们沟通,我们才能发现问题,最后解决问题。

表现出权威性有助于沟通进行

对于权威的东西,人们一般都会比较信任。在沟通时,情商高的人会努力让别人感觉自己很有权威性,是这方面的专家。于是,沟通便可以顺利进行,别人也更愿意接受他们的意见。

人们对权威的接受度更高

人们对权威性事物的接受度更高,这在方方面面都有体现。

如果普通人告诉我们说某某东西有害健康,我们可能会半信半疑,甚至可能会不以为然。但是,如果是教授、专家或学者告诉我们这件事,我们可能就会深信不疑。

人们对权威的接受度更高,这是一个不争的事实。尽管有名气或者有权威并不能全面代表一个人,但人们还是会因为这份名气或权威而感到信服,这是很常见的。

正因如此,情商高的人会在沟通中努力表现出自己的权威性,以使对方对自己有更高的接受度。

孙先生和某公司存在一些纠纷，孙先生已经和这家公司交涉了很多次，但总是没有结果。为了尽快解决问题，孙先生只好向这家公司表现出自己这边的权威性。于是，孙先生请了一位知名的律师，并和这位律师一起去找该公司商谈。

公司见孙先生请了这么有名气的律师，知道自己有错在先，为防止事态恶化，便答应了孙先生的条件，并给了孙先生相应赔偿。

尽管孙先生需要支付给律师一笔不小的费用，但是孙先生觉得为了解决这个问题，多花一些钱也是值得的。

例子中，当孙先生向和他存在纠纷的公司表现出权威性以后，该公司立即便妥协了，可见权威性的作用之大。

因此，在沟通中，我们应该在适当的时候表现出自己的权威性，这样才能让对方更愿意接受我们的意见，使沟通效果变得更好。

让劝说带一点说服力

权威之所以更容易被人们接受，和权威往往总会带一点说服力有关。

知道了这一点，我们就能将这个发现运用到沟通中。情商高的人在劝说别人时，经常不忘让他们的劝说更有说服力，因为这样能起到更好的劝说效果。

劝说人们购买自己推销的牙刷时，如果只是单纯介绍，效果可能会不好。如果告诉消费者，一般的牙刷，在刷牙时很难清理到口腔后面的牙齿，长此以往，就会有很多食物残渣聚集在牙齿上，导致龋齿。在讲述之余，还可以拿出龋齿的照片给消费者看。消费者听到这样的话，看到切实的证据时，再向消费者推销自己的牙刷，并告诉他们这款牙刷的设计非常合理，连那些难刷干净的地方都可以清理到。这时，消费者就很愿意为这款牙刷埋单了。

在劝说年轻人不要熬夜时，单纯告诉他们不要熬夜，效果可能不好，他们可能还是会玩手机直到后半夜。但是，如果告诉他们，经常熬夜影响身体健康，并举出一些权威的熬夜影响身体健康的例子给他们看，他们就能感受到可信度，并会立即接受你的建议。

在向女性推销化妆品时，如果只是说自己的化妆品好，可能消费者并不想购买。但是，如果告诉消费者，如果使用不好的化妆品，对皮肤的伤害非常大，并拿出被化妆品伤害过的皮肤照片给她们看，然后告诉她们这款化妆品的成分对皮肤没有伤害，再拿出权威的证明，消费者就乐意购买了。

在很多时候，让对方感受到权威性，比说千言万语都更管用。在沟通中，情商高的人总是懂得合理增强权威性来使沟通效果更好。

第十章　情商高的人擅长避开沟通的误区

在沟通中存在着一些误区，一旦陷入了这些误区，我们的沟通就会出现问题。为了把沟通做好，情商高的人应该了解这些误区，时刻提醒自己注意，并努力避免踏进去。

玩笑虽好，不能过度

开玩笑通常能够在沟通中起到调节气氛的作用，但是有些人开玩笑时不注意把握分寸，往往把玩笑开得过了头。于是，不仅没有起到调节气氛的作用，反而惹得别人不高兴，得不偿失。

在开玩笑时，情商高的人一定要注意把握玩笑的度。

话要好好说

开玩笑不是为了让对方感到难堪，而是为了缓和双方之间的沟通气氛。因此，情商高的人在开玩笑时，一定会好好说话。如果不好好说话，就会让别人感到厌烦，起不到应有的效果。

小芸上班路上堵车，迟到了很长时间。同事见她迟到了，想跟她开个玩笑，活跃一下气氛，故意惊讶地说："今天来这么早！"小芸一听这话，以为同事在嘲讽自己来晚了，瞥了同事一眼，没有回答，径直来到自己的座位上坐下。

同事觉得很奇怪，明明是想跟她开个玩笑，逗她开心的，怎么她却生气了？

例子中的同事情商不够高，虽然是想跟小芸开玩笑，却没有把话好好说出来。同事说话时惊讶的语气，让小芸误以为同事是在嘲讽她，所以才会生气。

情商高的人在和别人开玩笑时，一定要注意好好说话，这样才能不让自己的好意被对方理解成恶意。

行为不要过激

开玩笑不仅是在语言方面，也有很多玩笑是涉及行为和动作的。在这种时候，要注意行为不要过激，否则不仅有可能会惹对方生气，甚至会造成危险。

小吕为了和女朋友开玩笑，买了一个塑料的玩具蛇。这条玩具蛇做得非常逼真，不知道的人会以为那是一条真正的蛇。小吕趁女朋友不注意的时候，把玩具蛇放在了女朋友的脚下，然后故作惊恐地指着玩具蛇叫道："有蛇！"女朋友顺着他指的方向看去，吓得一下子跌倒在地，头磕在桌角上，流出了血，还不停地惊声尖叫着。

小吕赶紧把玩具蛇捡起来扔到一边，去给女朋友包扎伤口。

原本只是想开个玩笑，但是小吕的行为实在是过激了，导致女朋友受到了惊吓，还受了伤。

情商高的人在和别人开玩笑时，一定要注意不让自己的行为过激。否则，引起他人精神上的不适，让别人感到讨厌还是小事，一旦产生严重的后果，麻烦就大了。

玩笑不能戳人痛处

开玩笑不能戳在别人的痛处，否则再简单的玩笑，也可能给别人造成巨大的精神伤害。如果不懂得这一点，你的玩笑可能不是玩笑，而是一把伤人的匕首。

万某和丁某两个人是好朋友，关系非常好，几乎无话不谈。万某在和丁某见面时，经常会开玩笑地说一句："还活着呢！"丁某也会笑骂着回一句："你不也还活着呢嘛！"两人经常这样开玩笑，都已经很习惯了，谁都不会多想。

有一次，丁某出车祸了，腿受了伤，住进了医院。万某担心丁某，急急忙忙赶到医院，结果一进门，又习惯性地说了句："还活着呢！"丁某一下子生气了，大骂道："你小子怎么说话呢，想我早点死啊！"

万某和丁某两人平时开玩笑没有关系，但在丁某出车祸的时候，这玩笑就显得不合时宜了。可万某情商不够高，没有注意，还是这么说，直接戳在了丁某的痛处，所以不仅没有起到玩笑的效果，还惹怒了丁某。

玩笑是不能随随便便开的，一定要先确保不会戳在对方的痛处，才能去开玩笑。如果你的玩笑涉及对方的痛处，即便这个玩笑再简单，也不要去说。

开玩笑要分清场合

开玩笑还应该注意分清场合，如果不分场合乱开玩笑，可能会引起别人的不满。

两个公司准备进行谈判。在谈判开始之前，为了检查一下麦克风能否正常工作，A公司的经理在麦克风前说："大家请注意，再过三分钟，我们将探讨对B公司的收购问题。"

此言一出，所有人都惊呆了。等知道这是一个玩笑时，B公司的人对该经理的无聊玩笑表示强烈不满。在接下来的谈判中，气氛一直不太好，谈判进行得也没有预想中顺利。

A公司的经理情商不够高，在开玩笑时没有分清场合。在如此庄重的场合里，开这样的玩笑，就有些过度了，所以理所当然地引起了B公司员工的不满。

情商高的人在开玩笑之前，一定会注意分清场合，在那些庄重的场合，绝不会开低级的玩笑。否则不但起不到好的效果，还会引起众怒。

某钢琴家在开始演奏之前，发现整个剧场里大概有一半的位置上是没有人的,这种情况让人很是尴尬。钢琴家便开玩笑地说:"各位朋友,我发现了一个秘密,这座城市的人都特别富裕。你看,你们居然每个人都买了两三个座位。"台下的人听了以后哈哈大笑,尴尬的气氛顿时消失无踪。

钢琴家情商很高,他的玩笑开得恰到好处,内容又能结合当时的情况,起到了缓和气氛的良好效果。

我们应该学习这种根据场合,选择合适的玩笑的做法,用最合适的玩笑,让沟通气氛变得更好。

耿直并不是不注意细节的理由

有的人情商不高,在沟通时总是不注意细节,也不考虑别人的感受,说话直来直去,导致沟通效果极为糟糕。当别人对他提出批评时,他还会理直气壮地表示这是耿直,是说话直爽的表现,是优点而不是缺点,之后仍然我行我素。

他们把不注意细节当成正确的事,自然也就不会去改。但是他们的想法正确吗?并不正确。耿直本身并没有错,但是如果耿直是建立在给别人带来伤害的基础上,那就有错了,也是情商低的表现。

情商高的人在和别人沟通时,一定会特别注意细节,因为只有注意到细节,才能把握住那些细腻的情感。情商低的人不注意细节,所以总会在无意中伤害了他人的感情,自己却完全没有察觉。

小雨是一个身材微胖的女孩。本来她的身材只能算是丰满一些，还算不上胖，但是作为一个年轻的女孩，小雨总是希望自己更瘦一点。于是，小雨整天都说自己胖、要减肥之类的话。大家都知道，年轻的女孩就是这样，不管自己胖还是瘦，都喜欢把减肥挂在嘴边。对小雨的话，大家也就随便听一听、笑一笑就过去了。

小雨的性格很好，和周围的人都很合得来，而且脾气也好，从来不跟人发火。但是有一次小雨和同事小苗一起下班，小雨突然说她今天很伤心，被同事小美给气到了。小苗连忙问她是怎么回事，小雨就把事情的经过说了出来。

原来，在下班之前，小雨的部门组织了一次活动。在活动上，和她分在同一组的同事小美一直说她太胖，拖累了大家。小雨都很生气了，小美还是在那儿说，好像别人胖就应该被她数落一样。如果是说一次两次，小雨也不至于生气，可小美一连说了好多遍，好像把说这样的话当成理所当然的一样。最后小雨说："我自己说我自己胖也就算了，她凭什么总说我胖啊，还当着那么多人的面反复说，真是快把我气死了！"

小苗劝了小雨一会儿，并给她出主意说："要不然私下里找小美谈一谈吧。"小雨无奈地说："谈也没有用，小美就是这样的性格，什么都往外说，不管不顾的。别人受不了她的话，她却总觉得自己很耿直。"

例子中的小美就是典型的情商不够高，不顾别人感受，只顾着说自己的，给别人带来了困扰和伤害。在和他人沟通时，不要以说话耿直为借口，去说一些伤害别人的话，还认为是理所当然。耿直应该是以不伤害别人，照顾到别人的感受为前提的，否则那就不叫耿直，而是情商低。

在生活或工作中，我们难免遇到那些专门说难听的话，专门给别人添堵的人，还总是把"我这人说话直，你不要介意"挂在嘴边。网友们戏称，面对这样的人，就应该在他说到"我这人说话直，你不要……"的时候，直接打断他，告诉他："你别往下说了，我很介意！"这种做法合不合理暂且不去考虑，从网友们的这种想法，我们能够看出大家对这样的人有多么的反感。

其实这样的人只不过是以耿直为幌子，把耿直当成情商低的一种借口，并不是真正的耿直。只有情商高的人，才能成为真正耿直的人，才能在耿直的时候不令人反感。因为情商高，他们一般都不会忽略掉细节，也会全方面地考虑别人的感受，所以他们的耿直，往往都是受人喜爱的。

李姐是某公司的部门主管，为人特别热情大方，说话也非常耿直，深受员工的爱戴。她对员工都非常关心，员工遇到了什么麻烦，一点儿都不需要隐瞒，可以在她面前实话实说。她会帮助员工分析并解决问题，如果有她能帮得上的忙，她也会全力帮助员工。

有时，员工遭到了不公平对待。员工自己都还没说什么，李姐第一个就不接受，直接去找经理理论。所以，李姐在公司里是出了名的耿直，对事不对人，连经理都怕她三分。

但是，李姐的耿直并没有引起过任何人的反感。相反的，所有人都像对待自己的亲人一样对李姐，没有任何人对李姐表示不满。大家佩服李姐的为人，也欣赏她的耿直。

只有配合上高情商，耿直才是一种好的品质，拥有这种品质的人，在哪里都会受到欢迎，就像例子中的李姐那样。但是，有些人只看到了说话直，却看不到表面之下的高情商，不注意细节、肆无忌惮地说伤害别人的话，这就大错特错了。

我们一定要记住，耿直不是口无遮拦，更不是用言语去攻击别人的弱点，或者去揭别人的伤疤。耿直应该是在高情商的基础上，说让人接受和信服的实话。

沉默并不一定尴尬，话多不代表沟通得好

有不少人近乎理所当然地认为说话多的人就是情商高、就是会沟通，并且认为沉默就是冷场，会很尴尬。其实，这种观点并不正确。沉默并不一定尴尬，话多也不代表情商高和会沟通。

有人说："真正的朋友是在一起时，即使都沉默也不会感到尴尬。"当朋友之间已经非常了解彼此时，即便不说任何话语，对方也能知道你想的是什么。有默契的人之间，一个眼神也可以传递出非常丰富的信息。

从这些方面来看，沉默也许不是情商低和不会沟通，而是情商更高的一种体现。实际上，用语言沟通只不过是最简单的沟通境界，能够脱离语言，实现无声交流，那才是最高的境界。

当然，我们不可能和所有人达到非常了解彼此的地步，通常沟通还是需要用语言来进行的。不过，情商高的人都需要明白"沉默是金"的道

理，不能认为沉默就一定是尴尬。真正情商高和感情丰富的人，是不需要用太多的语言来表达自己的看法的，他们往往一眼就能看穿很多事，一句话就能说到点子上。

沉默尴尬吗？其实不然。那些内心世界丰富、情商很高的人，往往都是喜欢沉默的。觉得沉默很尴尬，那是因为我们的情商境界还不够，需要努力提升自己的情商了。

比尔·盖茨小时候就和别的孩子有很大的不同。看他一个人在屋子里待了很久，他的妈妈就喊他："比尔，你在干什么？"比尔·盖茨回答道："我在思考！"

相信大多数人都知道"沉思者"雕塑，而且见过它的图片。沉思者也是在沉默，看起来却非常协调，充满了美感，也仿佛在传递给我们无限的信息。

现在我们知道，沉默并不一定是尴尬的事。接下来我们就说一说，为什么话多也不代表着情商高和沟通得好。

单纯的话多，实际上并没有什么用。乱七八糟的话只能忽悠糊涂人，如果说给明白人听，他们会像避开发小广告的人一样避开你。话越多也就越不容易把话说精，说明这个人的情商低、概括能力差，而且表达能力也差。

真正情商高、会沟通的人，从来不多说，只在关键点上说几句，就能让人清楚明白，问题也就迎刃而解了。糊涂的人才喜欢唠叨个没完，一件两句话就能说清楚的小事，也能长篇大论说上半天。

心理学家认为，说话太多，是心中焦虑的表现，如果不说话，这种焦虑会让他们无所适从，长时间不说话，简直难受极了。那些特别爱说话、情商又低的人，身边的亲人、朋友往往有这样的抱怨："跟他没法聊，只能听。""哎呀，你快别说了，烦不烦！"

实际上，有人会将自己心中的压力转化为语言释放出去，通过机枪扫射一样的说话方式，将压力转投到别人的身上。一旦没有人听他们说话，他们就会自己压抑情绪。

沟通中说话太多，对方要么听了一会儿就开始走神，要么虽然在听，却听得云里雾里，不知道你到底想表达什么。你说的话越多，话也就越没有分量。当你说的话少，却每句话都能说到点子上时，你的话就掷地有声，每一句都能引起别人的重视，引发别人的思考。这才是会沟通的表现。

要想成为真正情商高会沟通的人，你首先要纠正心中的错误观念，把方向找对。记住，沉默并不一定尴尬，话多也不代表就是情商高和沟通得好。该沉默的时候就沉默，该说话的时候则把话说到点子上，一针见血，这才是真正情商高、会沟通的高手。

直截了当的批评不一定都好

当别人犯错时，有不少人喜欢直接指出别人的错误，或者直截了当地对别人提出批评，并认为这样做很好，也是对这个人负责。然而，这种直截了当的批评并不一定都好。这样批评别人，很容易引起别人的反感，遭到抵触，使批评的实际效果大打折扣。

在批评别人时，我们的出发点是好的，所说的话其实也是"良药苦口"。但是，好话应该换一种别人更容易接受的方式来说，这样效果才会更好。情商高的人会特别注意这个问题。

让批评变得幽默一些

虽然无法改变批评的事实，但情商高的人可以对批评进行包装，让批评更容易被接受，如让批评变得幽默一些。我们可以通过讲寓言故事，或者说一些一语双关的话，来提醒别人，让别人既能明白我们的意思，又不会感到难堪。

小涛有一次在上班时间出去理发，正好经理从旁边路过，发现了小涛上班时间偷懒的事实。经理决定批评他，让他改掉这个坏毛病。不过，在理发店里，经理又想给小涛留点儿面子。于是，经理快步走进理发店，对小涛开玩笑一样说："怎么回事，上班时间跑出来理发。是不是最近你加班了，要把时间找补回来啊？"

小涛看见经理来了，吓了一跳，不过见经理没有严厉批评自己，心里安定了不少，对经理说："没有。可是，我的头发都是在上班时间长的啊，当然应该在上班时间来理发了！"

经理见他和自己贫嘴，也没发脾气，顺着他的话说："我看你的头发下班时也长吧？以后要注意啊！"说着，转身走了出去。

经理和小涛之间的对话，听起来很幽默，让批评也变得容易接受了起来。

如果我们能注意给批评披上幽默的外衣，被批评的人就容易接受得多。这样一来，我们的目的也就达到了。毕竟，我们之所以要批评他，不是为了给他难堪，而是让他改正错误。

把批评变成提建议

人们之所以通常会对批评有抵触情绪，一方面原因在于，很多批评都是批评者站在一个更高的高度上，对被批评者指指点点。这就让被批评者感到很难接受，觉得批评者是"站着说话不腰疼"，只会说三道四，不能提出一些有帮助的意见来帮助自己提高。

情商高的人会把批评变成提建议，给被批评者指出一条明确的道路，让他们乐于接受批评，并积极改正错误。

一个年轻人没有工作，整天无所事事，他的家人对他感到很失望，经常批评他，并认为他应该去找一份工作，至少自己能养活自己。然而，年轻人即便找到了工作，也总是干不了多久就辞职了。家人渐渐对他失去了信心，批评他已经成了每天都做的事。而年轻人对这些批评也早就不以为意了，只当成是耳边风。

一天，年轻人到朋友家去玩，朋友的父亲问起他的工作，并知道了他的情况。正当年轻人以为朋友的父亲会像其他人那样批评自己一番时，没想到，朋友的父亲却没有那样做，而是认真帮他分析起来。

朋友的父亲一边分析他的问题，一边询问他喜欢什么，对将来有什么打算，最终给他提出了一个相当好的职业规划建议。年轻人本来对未来充满迷茫，经过朋友父亲的点拨，豁然开朗。后来，他开始按照朋友父亲的建议去做，最终取得了不小的成功。

例子中的年轻人，对批评已经麻木了，但当朋友的父亲给他提出了合理的建议时，他便欣然接受。由此可见，提建议与批评相比，更容易令人接受。

批评有时候只是站在旁观者的角度来做，这样不会有好的效果。情商高的人会把批评变成提建议，于是就像是站在了被批评者的身边。被批评的人感受到了真诚，知道这批评是真的想要帮他解决问题，而不是嘲笑他，就不会再有抵触情绪。

先肯定再批评

上述批评的方法都有些复杂，其实还有一种非常简单，而且让人容易接受的批评方法，就是先肯定对方的优点，再指出他的一些缺点。

情商高的人在批评别人时，往往会先肯定对方的优点，等他意识到这不是在故意找他的茬，他的态度就会好一些。如果被肯定的这些优点正是他引以为傲的地方，他会很高兴。这时，再指出他还有哪些不足，他就不会认为这是批评，而把这当成是对他提出的更高期望。于是，为了让自己变得更好，也为了满足别人的期望，他就会积极改正自己的错误。

沟通不是为了把对方驳倒

有些人特别喜欢和别人唱对台戏,好像天生就喜欢和人唱反调。这样的人,是典型的情商低,就是人们常说的"让他往东偏往西,让他打狗他撵鸡"式的人,不管怎样,他就是要和别人对着干。对于这类情商低的人,一般人们都会选择离他远一点。

这种类型的人,他们情商低主要是因为什么呢?因为他们对沟通的理解本身就是错误的。沟通本来是为了交流彼此的意见和思想,而他们却把沟通当成了一种辩论,想方设法要把对方驳倒。

在金庸的小说《天龙八部》中,有一个名叫包不同的人物。这个人是典型的爱和人唱反调,只要是别人有什么意见,他肯定要提出不同的意见,就算他的意见是错的,他也要和别人争论到底。包不同平生绝不认错、绝不道歉,明知自己错了,一张嘴也要死撑到底。另外,他还有一个口头禅:"非也,非也。"

可以说,小说中的这个包不同,就是现实中那些情商低、凡事都要和人唱反调的人的典型代表。他们情商很低,总是把沟通变成辩论赛的现场,让别人感到不胜其烦。

实际上，沟通绝对不是为了把对方驳倒。如果有这种想法，一定要及时纠正过来，这样才不会变成情商低、处处和人唱反调的那种人。

其实仔细想一想，在沟通中把别人驳倒有什么意义呢？我们不能把驳倒别人当成一种成功，也并不是说我们驳倒了别人，就把沟通做好了。不要说沟通，即便是辩论，也应该以讨论出正确的内容为目的，而不是以驳倒对方为目的。

所以有一首现代诗这样写道："我不与人争，胜负均不值。"的确是这样的，胜负的意义并不大，最关键的是我们找到了什么是正确的。换句话说，当我们通过沟通，知道了正确的观点和思想，谁把谁驳倒了又何必去在意呢？

喜欢和别人争论，那么我们就将会一直处在争论当中，这是情商低的表现。这会消耗我们的时间，同时不会给我们带来任何的好处。卡耐基说："天下只有一种方法能得到辩论的最大利益——那就是避免辩论。"可见，争论通常只有坏处。情商高的人和别人沟通，和别人讨论，但几乎不和别人争论。

卡耐基在他的《人性的弱点》一书中讲过这样一个故事。

有一次，故事中的主人公去参加一个非常有名的人物——史密斯爵士的宴会。在宴会上，有一个来宾坐在了他的旁边，并且讲了一个很有趣的故事，还使用了一个成语。这个来宾告诉大家说，这个成语出自《圣经》。然而，主人公却知道，他说错了，这个成语其实出自莎士比亚的作品。

为了显示自己的优秀，驳倒对方，主人公立即纠正了这个来宾的错误。然而这个来宾并不认错，坚持说那个成语出自《圣经》。于是，两人争执了起来。主人公很快想到了他的一位老朋友，这位老朋友一直在研究莎士比亚的作品，最有发言权了，而这个老朋友此时正坐在他的另一边。主人公立即请这位老朋友来说说对此事的见解。没想到，这位老朋友暗自在下面踢了他一脚之后，承认那位来宾说得正确，那个成语确实出自《圣经》。

在回家的路上，主人公问这位老朋友当时为什么不说实话，那个成语明明就是出自莎士比亚的作品。结果老朋友告诉他一个道理："永远避免正面冲突，那才是对的。"

把别人驳倒之后，我们能够得到什么呢？除让被驳倒的那个人对我们感到怨恨外，我们得不到更多的东西了。既然如此，不如像故事中主人公的老朋友所说的那样，不要去和别人正面冲突，不要总是想着驳倒别人，这才是情商高的人应该做的。

本杰明·富兰克林说："如果你辩论、反驳，或许你会得到胜利，可是那胜利是短暂、空虚的……你永远得不到对方给你的好感。"

林肯说："一个成大事的人，不能处处计较别人，消耗自己的时间去和人家争论。无谓的争论，对自己性情不但有所损害，且会失去自己的自制力。在尽可能的情形下，不妨对人谦让一点。"

在沟通的时候，情商高的人不会总想着把对方驳倒，因为他们知道，那样收获的只能是争吵和别人的不满。沟通是用来交流思想的，一旦陷入争论中，它将失去本来的意义。纠正自己对沟通的错误认识，在沟通时把自己的攻击性消除掉，表现得谦虚一些，沟通就会更加顺畅。

第十一章　高情商的沟通还有更高的境界

当我们提高了自己的情商，学会了常用的沟通技巧后，我们的沟通水平就会大幅提升。但是，我们还可以进一步提高沟通能力。高情商的沟通还有更高的境界，只要我们在生活和工作中随时留心，我们就能不断提高自己的情商，让自己的情商和沟通能力达到全新的高度。

给人留下台阶才是聪明之举

情商高的人在说话时，不会把话说得太绝，一定会给人留下台阶，这是聪明之举。俗话说"杀人不过头点地"，我们没有必要把事情做得太绝，也没有必要把话说得太绝。处处给别人留下台阶，也就是给自己留下余地。

俗话说："满招损，谦受益。"在沟通中尤其需要注意这一点。在说话时不注意给别人留台阶，在堵死了别人退路的同时，也给自己留下了隐患。把别人逼急了，也显得我们自己非常小气，会给别人留下不好的印象。

沟通这门艺术，就像中国画一样，讲究"留白"。情商高的人，任何时候都不会将话说得太绝，时刻给别人留有台阶，这样才显得大气。

小田和朋友去饭店聚餐，等菜上来以后，发现他们点的龙虾居然少一只螯。小田他们立即把服务员叫来，询问是怎么回事。

其中一个朋友把话说重了，他向服务员质问道："你们饭店怎么回事，那么大的一只螯不见了，居然都发现不了，我看你们是成心的吧！等一下，该不是别人吃剩下的给我们端过来了吧！把你们老板给我叫过来！"

服务员连连道歉，吓得不知所措。

小田连忙给那个朋友打了个眼色，笑着说道："我觉得这种事情情有可原，也许是龙虾自己打架把螯给打掉了呢？没关系，再给我们换一只不打架的龙虾上来就好了。"

有了这个台阶，服务员赶紧把桌上的龙虾撤掉，重新给他们上了一只完整的龙虾。

小田的情商很高，注意在沟通中给别人留下台阶，不但免去了服务员的担忧，也减少了自己的麻烦。多一事不如少一事，小田给了服务员台阶，他们也就不需要再为这件事费心。否则，即便最后把老板叫来了，也给了他们一个说法，吃饭的心情大概也会受到很大的影响。

一个顾客到服装店退衣服。服务员接过衣服后，发现衣服有洗过的痕迹，显然是不能退了。

但是,服务员并没有指责顾客把洗过的衣服拿回来退货,也没有直接把这件事说出来,而是给了顾客一个很大的台阶。

服务员笑着说:"也许是您的家人没有注意,把这件衣服拿去洗了。这种事情我经常会遇到。我老公总是在我不在的时候,拿一堆衣服送去洗衣店,有时候一件新衣服还没有穿,他就直接给我拿去送洗了。您看,您拿回来的这件衣服上有很明显的痕迹,一定是洗过了。这样的衣服我们是没有办法退货的,还请您谅解。"

顾客见服务员这么给自己面子,留下了台阶给自己下,也就没有再说什么,拿上衣服便离开了。

例子中的服务员情商很高,给顾客留下了台阶,照顾到了顾客的面子,从而让顾客平静地离开。如果服务员不注意自己的语言,直接指责顾客,有可能就会引起顾客的不满,进而引发一场争吵。可见,给别人台阶下不但能给别人留下好的印象,也能给自己带来很多好处。

在沟通中,为了给别人留下台阶,我们还应该时刻注意以下两点:

1. 不要口出恶言

无论是对朋友还是对同事,都不能因为生气而恶语相向。谁都有气不顺的时候,这时可以干脆闭嘴。一旦撕破脸,说些"势不两立""有他没我,有我没他"之类的话,双方都没有了台阶下,这对大家都不好。

2. 不要把话说得太绝

谁都有做错事的时候,假如同事做错了事,就说人家"能力不行""这辈子都不会有什么成就",那就太武断也太不近人情了。把话说得这么满，一旦自己做错了事，别人会怎么想呢，一定也是"以其人之道还治其人之身"。因此，给别人留余地，就是给自己留余地。

做到了这两点之后，我们就可以避免因为过激的语言，把沟通的情况搞得太糟糕。这样一来，我们在沟通中本身已经留下了很大的余地，给别人创造台阶就会容易得多。

总之，每个人都很重视自己的面子，只有情商低的人才不给别人留下台阶，处处都把话说绝。情商高的人会在自己的言语之间留下余地，不让别人陷入进退两难的境地。即便是真遇到了别人处在尴尬境地的情况，情商高的人也会主动给对方创造台阶，不会让对方下不来台。这样不但会让对方感激在心，也能在他人眼中树立起更好的形象。

将沟通的功夫用在方方面面

陆游在教他儿子如何写诗的时候，说过两句非常有名的句子："汝果欲学诗，工夫在诗外。"其实，提高自己的情商和沟通能力也是同样的道理，要想提高情商并真正做好沟通，功夫也要用在沟通之外，用在方方面面。

为什么这么说？因为提高情商就需要增强理解能力，对什么事都能做到心里有数，而沟通就是为了和他人交流思想，这也需要理解能力。要提高自己的理解能力，就必须有丰富的生活阅历，提高自己的知识面。因此，提高情商和沟通能力，要用更多的工夫在日常生活和工作中。

情商和沟通实际上和生活是完美结合在一起的。想要提高情商和沟通能力，除学习技巧外，还涉及我们的经验、阅历、知识、思想等方方面面。不要把情商和沟通想得太简单，它们和这些看似无关的内容，都有着千丝万缕的联系，我们懂得的东西越多，情商就越高，沟通能力也就会越强。

不懂的东西就要学

沟通之所以会有困难，就是因为彼此之间不了解。俗话说："隔行如隔山。"当我们和不同行业的人进行沟通，很难把沟通做到位，原因就在于我们对他们的行业不了解，他们对我们的行业也不熟悉。

情商高的人从不指望别人了解他们的工作，他们会主动去了解更多的知识，懂得更多的工作内容。他们虽然无法做到对各行各业都精通，但知识面广，对其他行业都会有一些了解。他们会发扬"一物不知，深以为耻"的精神，见到不懂的就要去了解一下。正因如此，情商高的人一般都是博学的人，他们不一定懂得很"深"，但一定很"博"。

小时候，我们还不会骑自行车，看到路上骑自行车的人，就会觉得他们横冲直撞的，不知道礼让行人，很是讨厌。但是等我们学会骑自行车时就会发现，原来骑自行车的人并没有横冲直撞，大家都是按照一定的规则在路上行驶。

骑自行车时，我们会觉得路上的机动车太不讲道理了，一点儿也不知道礼让行人。但是等我们拿到了驾照，自己开车上了路，就会发现，其实开车挺不容易的，不仅要随时准备应对各种状况，还得注意躲开一些不遵守交通规则的非机动车辆和行人。

从以上的例子可以看出，当我们真正明白了处在不同位置的人所面临的是什么，我们就能产生新的理解和新的想法。以前想不通的问题，此时也很容易就想通了。

我们懂得的越多，我们的理解能力就会越强，同时更能够理解对方的想法，并能多设身处地为对方想一想。于是，我们的情商和沟通能力也会随之变强。

把工作做好就是一种沟通

沟通不一定通过语言交流，也不一定通过表情和动作，它还可以通过我们的工作成果体现。当别人看到我们的工作成果，这本身就是一种沟通。

设计师设计出的建筑很漂亮，我们不需要直接和设计师沟通，只要看一眼他所设计的建筑，我们就已经是在和他进行沟通了。

所以，情商高的人应该懂得，要想把沟通做好，用心去做好自己的工作，也是其中的一项内容。

小庄在做老板交给他的一项重要任务时失败了。虽然小庄可以辞职了事，但他觉得既然是答应了老板的事，就不能中途掉链子，该负责任就要负责任。于是他四处借钱，拿出了一大半赔偿金。

在交付赔偿金的同时，小庄还极力要求对方公司再给他一次机会。对方公司一开始根本不同意，直接回绝了。但小庄没有放弃，一直找相关负责人，并把自己的处境说了一遍，表示现在是背水一战，而且有了先前失败的经验，做了更充分的准备，这次一定会成功的。那位负责人终于被他打动,再次将任务交给了他。

为了确保这次一定不再出错,小庄几乎住在了公司,把计划方案看了又看,时刻跟进工作进程。同事们都被他感动了,只要是他要求的,全都先办,给他最大限度的支持。就这样,经过艰苦的努力,小庄这次终于把工作圆满完成了,给公司带来了巨大的利润。

老板对小庄的人品非常满意,更信任他了,除发了他一大笔奖金外,还直接让他当了部门经理。

在例子中,小庄还需要用语言的沟通来向老板证明自己吗?完全不需要。老板通过他的工作表现,就已经对他有很深的了解,知道他是一个非常可靠的人了。

做好我们自己的工作,就是在通过工作成果,在和所有看到我们工作成果的人进行沟通。因此,情商高的人一定会努力做好自己的工作,让它成为自己最好的名片。

在沟通中去掉得失心

在沟通中,如果得失心太重,就会失去平常心,无法客观分析和看待这次沟通,对沟通产生很不利的影响。因此,情商高的人在和别人沟通时,一定会去掉得失心,这样才能把沟通做得更好。

有一个小故事讲得非常好,将沟通中得失心的问题体现得淋漓尽致。

一个年轻女子刚搬家到某小区,当天晚上,小区停电了。女子抱怨着这个小区不靠谱,居然莫名其妙地就停电了。这时,外面响起了敲门声。

女子打开房门,门外是一个小女孩。小女孩天真地抬头看着她,怯生生地问:"阿姨,你家里有蜡烛吗?"

女子心想:"这都什么邻居啊,我这才刚搬过来,就打发小孩子来借东西了!"女子没好气地说:"没有!"然后关上了房门。

片刻之后,房门又被敲响了。

女子不耐烦地打开房门,外面站的还是刚才的小女孩。

女子正要发火,却见小女孩递过来一支蜡烛,小心翼翼地说:"我妈妈让我来问问你有没有蜡烛,如果没有,就给你一支。"

女子一下子愣住了,为自己刚才的想法和恶劣的态度感到万分惭愧。

在故事中,女子的情商不高,得失心也太重了。她把思维放在了"借东西"这个问题上,却忘记了沟通本身的意义是双方的互动和关怀。如果她的情商高一些,去掉得失的心态,就不会在一开始便胡思乱想,误解小女孩的意思了。

廉颇和蔺相如之间负荆请罪的故事,相信很多人都耳熟能详。

廉颇一开始觉得蔺相如的风头太大,盖过了自己,于是对蔺相如十分不满。他处处和蔺相如过不去,结果蔺相如却处处都忍让他。廉颇以为蔺相如是怕了自己,心里有些得意。然而当别人问起蔺相如为什么要让着廉颇时,蔺相如却说是为了国家着想,如果将相不和,国家也将不安定。廉颇从别人那里听到了蔺相如的话，觉得蔺相如的胸襟气度非常大，自己比不上他，就到蔺相如的府前负荆请罪。最终，两个人不再互相猜疑，开始和睦相处，国家也因此保持了安稳。

在廉颇和蔺相如的故事中，因为蔺相如情商极高，而且没有得失心，所以根本就不在意廉颇如何为难自己。而廉颇知道了蔺相如的观点后，也放下了得失之心，于是向蔺相如负荆请罪。可见，情商高的人在沟通中都会去掉得失之心。只要能够去掉得失心，就没有什么事情是不能沟通的。

小王和小马是同事，两个人的工作业绩都挺好，平时的关系也很不错。

眼看快到年底了，公司准备评选优秀员工，并发放一笔数额不小的奖励金。由于名额只有一个，所以最终人选要在小王和小马两人当中选一个。

为了不因这件事闹矛盾，小王和小马两个人平时说话都尽量避开这个话题。但是眼看就到了最后的评选日期，再这么拖下去也不是办法。于是，小马主动找到小王，指明要谈谈评选优秀员工的事。

小王很是戒备，问他："你不是想让我放弃吧？我们两个公平竞争，可不存在让谁提前放弃这回事。"

小马连忙说："不是，我没有那么想。"

小王说："那还有什么好谈的，到时候让大家评选不就行了。我跟你说，你别想让我放弃，我不可能放弃的。"

小马解释说："我真没那个意思。其实我是想，我就不跟你竞争了。其实我的能力不如你，平时我有什么问题都会向你请教，如果不是你，我不可能把工作做得这么好。所以这个优秀员工，理所当然应该是你才对。"

小王没想到小马居然是这么想的，他开始反思自己是不是得失心太重了。

后来，小马果然放弃了竞选。不过，小王也想明白了，与奖金相比，他更珍惜小马这个朋友。于是，在领到奖金之后，他私下把奖金和小马平分了。经过这件事，两人的友谊更深了。

例子中的小王和小马两个人，都能够放下得失心，所以把本来很容易产生矛盾的一件事，解决得非常完美。

无论在生活中还是在工作中，情商高的人总是能够把得失心去掉，于是他们可以看到沟通里更珍贵的东西——彼此之间的情谊。沟通是为了传递信息，也是为了传递着温暖和关怀。而这些，只有当我们去掉了得失心之后，才能更好地感受到。

情商高的人总是把拒绝说得很优雅

对别人说出拒绝的话，总是让人感觉有些难为情。有的人为了避免尴尬，让拒绝的话在嘴边绕了半天，就是说不出来。但是，很多时候，我们都必须说出拒绝的话，不然既浪费彼此的时间，也消耗彼此的感情。不过，情商高的人不会硬生生地拒绝别人，让别人感到颜面无存，他们总是会把拒绝的话说得很优雅。

优雅地拒绝表白

优秀的年轻人一般都会遇到被异性表白的情况。如果来表白的正好是心中的人选，那么自然是很好的。然而情况往往并非如此，这时，就要拒绝对方。但看着对方殷殷期盼的眼神，又不忍心给对方太大的打击。因此，如何优雅地拒绝表白，就成了一个值得深思的问题。

关于如何优雅地拒绝表白，实际上并没有一个万能的方法，因为每个人的想法和观念都不同，对这个人适用的拒绝方式，不一定对那个人也适用。有时候，自己可能觉得这样的拒绝没什么，只是轻描淡写地回复了对方，然而到了对方那里，就成了十分残忍的拒绝了。

那么，情商高的人都是如何优雅地拒绝表白的呢？

不要学网上"对不起，你是个好人"这类看似俏皮，实则意思表达不明确，还容易引起别人反感的拒绝方式。情商高的人在拒绝别人时，会先幽默地拒绝一下，再明确告诉对方自己对他没有感觉，他们是不可能的。这样一来，经过第一次幽默拒绝的铺垫，接下来的拒绝也就不会太生硬，让人容易接受得多。而且，把话说得明明白白，不会产生歧义，能避免误会，也不会让对方因觉得还有希望而穷追不舍。

比如，女方可以对男方说："你的表白让我想到了一个问题。"当男方问是什么问题时，女方告诉他："如何优雅地拒绝别人的表白。"男方肯定就知道女方对他没什么感觉了，但他不一定会放弃，于是他接着问："给个机会好不好？"这时，女方应该明确告诉他："我不想伤害你，但是我对你没有那种感觉,我们两个不可能的。"

上述拒绝方式,有一个幽默的缓冲,然后是明确拒绝。这样既不会太突兀,也表达得清楚明白,是情商高、会沟通的表现。男方一定能够清楚理解女方的意思,如果他是个聪明人,就不会再继续纠缠了。

优雅地拒绝无理要求

在生活中或工作中,我们都可能遇到过别人对我们提出无理要求的情况。这时,我们不能磨不开面子,必须明确拒绝他的要求。但是,这个过程还是应该仔细考虑,以不伤害彼此之间的感情为好。

那么,情商高的人应该如何优雅地拒绝别人的无理要求呢?直接拒绝别人,总觉得不那么妥当。而且,有些人会把直接拒绝当成故意和他作对,很容易产生矛盾。

为了让拒绝更加优雅,避免让人觉得是故意拒绝他,情商高的人应该给别人摆事实、讲道理。我们要让他知道,不是我们不想满足他的要求,也不是我们不想按照他的想法去做,而是按照他的那种要求和想法,我们做不来。当对方明白这件事的不合理之处时,他们就不会再强行要求你去做了。

因此,在拒绝别人的无理要求时,情商高的人会努力让对方明白"这个要求很不合理"这一点。当他明白了这一点时,不需要去拒绝,他可能自己就不再提这样的要求了。

说话委婉没有错

在拒绝别人时,把话说得委婉一点,是绝对不会有错的。

情商高的人会把拒绝的话委婉地表达出来,甚至将这些话隐藏在别的话里，让对方听到弦外之音。于是，照顾了对方的面子，对方也就更容易接受这种拒绝。

如果对方的理解能力比较差，听不懂你的弦外之音，你可以把话点得更透彻一些，但还是要委婉。

小白的朋友打算到他家借宿一晚，但因为小白家只是一个很简单的两居室，再加上有老婆和孩子，所以根本没有地方让朋友住。小白只好告诉朋友这个情况，并十分抱歉地说："不可能让孩子睡在客厅的，我老婆如果知道我让她睡客厅，肯定也会生气。如果你不介意的话，只能委屈你在客厅里睡一晚上了。"

朋友听出了小白的弦外之音，也看出他家确实没有地方住，没有再多说什么，很快离开了。

小白的情商很高，在和朋友说话时，做到了委婉。他没有直接拒绝朋友的要求，而是根据现实情况提出了一个解决方法。而朋友也听出了他的意思，双方没有因此而闹得不愉快。

情商高的人在拒绝别人时都会牢记一点：话说得越委婉越好，能不直接拒绝就不要直接拒绝，给别人多留面子，也就是给沟通留下更多的美好。

幽默让高情商的沟通再度升华

在高情商的沟通中，如果我们注意使用幽默的方式，我们的沟通能力将会再度升华，变得更好。

我们都知道，气氛对进行良好的沟通是非常重要的。对调节气氛来说，没有什么比幽默的语言更有效了。幽默的语言不仅能消除双方的戒心，还能化解尴尬，又能表现出一种风度。

生活中的幽默语言

在我们平时的生活中，如果没有幽默的语言，我们的生活就可能变得枯燥乏味。情商高的人会有意识地在沟通中用一些幽默的语言来做调味剂，于是，他们的生活总是显得那么有趣。

生活中的幽默语言，能够让生活更有趣，还能够化解生活中的矛盾，是高情商沟通的更高境界。

一对夫妻吵架了，双方谁都不和对方说话，冷战了很长时间。结果妻子先消了气，想要跟丈夫说话，可是丈夫还是不理她。妻子试过各种方法，都不能使丈夫理自己。于是，她开始翻箱倒柜地到处找东西。

见妻子把家里翻了个底朝天，到处都是乱七八糟的，丈夫忍不住问："你到底在找什么啊？咱们家里藏宝贝了？"

妻子笑着迎上来:"我在找你的声音呀!这不是找到了嘛!"

丈夫被妻子逗乐了,两个人的冷战终于结束。

生活中的沟通不能缺少幽默的语言,无论是为生活增添乐趣,还是解决矛盾,幽默的语言都有着至关重要的作用。因此,情商高的人总是会在生活中多使用幽默的语言,让生活不再简单乏味,而是更令人期待。

工作中的幽默语言

生活中需要幽默的语言,工作中同样需要幽默的语言。

我们平时和同事相处,如果懂得说一些幽默的话,可能会给大家留下"这个人很有趣"的印象。情商高的人会注意在和同事沟通时加入一些幽默的话,让自己和同事之间的关系更加和谐,这对做好工作有很大的帮助。

小高和同事共同完成一项任务,但是由于小高的疏忽,他们的工作出了问题。眼看就要做出成果来了,结果因为小高的问题,很多工作不得不重新来做。同事感到非常生气,和小高吵了起来,并表示让他"滚到一边去"。

小高知趣地离开了,不过过了一会儿,他就转了回来。同事刚要发作,小高就迎上前去握着他的手说:"你好你好,我是小高。听说刚才你开除了一位合作伙伴,现在正需要一个帮手,如果你不嫌弃,不如就让我来补上这个位置吧。请你放心,之前那个人犯的错误,我绝对不会再犯了!"

同事听了小高的话，哈哈大笑起来，双方的矛盾就这样消除了。这一次，他们果然把任务顺利完成了。

情商高的人在工作中总是特别注意使用幽默的语言，因此他们就能在和同事的沟通中更加和谐。这样一来，即便他们遇到了困难，也可以向同事寻求帮助，即便他们和同事产生了矛盾，也能通过幽默的语言化解。于是，就没有什么工作难题是不能解决的。

拿自己开涮

要做一个幽默的人，就要学会拿自己开涮。

当我们以别人作为调侃的对象时，有可能会引起对方的不满。但是，当我们拿自己开涮，不但能让别人开心，还能化解自己的尴尬。

网上一直流传着一句话"你有什么不开心的事，说出来让大家开心一下。"实际上，当别人看到我们拿自己开涮时，他们真的就只是"开心一下"，连嘲讽的声音都会变少。因为我们都已经自己拿自己开涮了，他们就没必要再"落井下石"了。相反，他们会被这样的高情商打动，继而选择宽容和原谅。

一个男主持人长得不好看，因为形象比较差，所以当主持人刚上台时，人们都觉得有些失望。但是，接下来主持人的几句话，顿时让大家对他产生了好感。

主持人说："刚才女主持人上来的时候，我看大家的表情都是这样的。"说着，露出一个惊喜的表情。然后他又说："结果我一上台，大家的表情就变成了这样的。"说着,露出一个不忍心去看的表情。

台下的人哈哈大笑起来。

这时,女主持人问:"这是为什么呢?"男主持人回答:"我说你非要问得那么清楚吗?还让不让长得丑的人笑着活下去了!"

台下的人又是一阵大笑,大家对男主持人的好感瞬间大增。

拿自己开涮,是情商高的表现,也是一种很高的智慧。能够做到这一点,你的幽默境界就相当高了,一定可以将幽默的语言灵活运用到沟通中去,让你的沟通效果变得更好。